U0013098

今天不會都是壞事

已發生的讓你牽掛、未發生的讓你擔憂？
SNOOPY 的定心禪智慧

作者／查爾斯・M・舒茲 Charles M. Schulz
日版文字／谷川俊太郎
日版監修／枡野俊明

suncolor
三采文化

前 言

································

此次非常有緣，我在《PEANUTS》這部作品以及谷川俊太郎
先生翻譯作者查爾斯·M·舒茲生前說過的話中，發現「與
禪意相通之處」。「在大自然的法則中，傾聽真實的聲音」是
禪的基本真意，也是《PEANUTS》的角色們看著眼前自然情
景，不時脫口而出的名言。舉個「與禪意相通」的例子，好比
禪文化的代表之一「水墨畫」。用水墨描繪一幅以柿子為題的
畫，真實的柿子可以是看起來成熟美味的橘色，也可以是看似
尚未成熟的青色果實。那在白紙上描繪的世界看起來會是什麼
顏色呢？端視觀者而定。

《PEANUTS》漫畫裡也有類似的表現，那就是在黑白漫畫中
留下空白部分，這和崇尚「留白」之美的禪一樣，是吧？還有
絕對要提的一點就是翻譯功力。谷川俊太郎先生的文字之所以
讓人感受到「與禪意相通」，或許是因為谷川先生的父親──

哲學家谷川徹三曾著有一本與禪相關，研究茶道的作品《茶之美學》。當然，雖說是家人關係，但每個人都是獨立的個體，所以谷川先生的文字功力肯定不只受到父親的影響，這也讓我想起「曹源一滴水」這句禪語。

禪是從達摩祖師傳承至第六代，至六祖慧能禪師才發揚光大，廣披世間，融入我們的生活中。起初只是一滴水，後來逐漸變成大河，與祖師傳承給弟子，終於擴及全世界的道理是一樣的。我感受到谷川徹三先生的點滴感性也流至谷川俊太郎先生的心中。

無論是水墨畫、留白之美，還是谷川俊太郎先生的文字——這些都讓我感受到與禪之間不可思議的因緣。讓我們一起解讀《PEANUTS》漫畫史努比們的定心禪智慧，一定能讓你更喜歡它，近身感受禪。

史努比的定心禪智慧

以黑白線條呈現，活用留白巧思的《PEANUTS》漫畫，
擁有許多與禪意相通的情節。角色們也有不少饒富禪意的台詞。
即使是沒有台詞的情節，也有著與禪語相通的廣闊意境。

花生漫畫與禪

百不知，百不會

活躍於宋代的無文禪師悟道之後，留下了「我亦不知不會」這句話。

LIFE AS THEY SAY, IS
FULL OF SURPRISES

JUST WHEN YOU
THINK YOU'VE SEEN
EVERYTHING...

..YOU REALIZE YOU
HAVEN'T

勢不可使盡

愈是順利的時候，愈要慎重行動，這是法演禪師的禪語。
糊塗塌客的模樣完全符合這句禪語的意思。

舒茲先生的名言與禪語

「唯有試著克服，才能知道結果如何」

結果自然成

歷經多次失敗，查理·布朗終於贏得勝利。
只要努力就會有結果，這就是「結果自然成」。

THIS IS IT, CHARLIE
BROWN..LAST INNING..
TWO OUTS..AND YOU'RE
UP!

ALL THE
PRESSURE IS ON
ME, BUT I CAN
DO IT! I KNOW I
CAN DO IT..

JUST DON'T
GET NERVOUS..

HERE, YOU'D BETTER USE A
BAT..

I HIT A HOME RUN IN THE NINTH INNING, AND WE WON! I WAS THE HERO!!　　**YOU?!**

「你要做的是自己真正想做的事，而不是模仿別人」

主人翁

「始終做真正的自己」，瑞巖和尚每天都
告訴自己：「你是主人翁」。

IT'S **MY** LIFE, AND I'LL
DO WHATEVER I WANT
WITH IT!

I'M MY OWN PERSON!

IT'S **MY** LIFE, AND I'M
THE ONE WHO HAS TO
LIKE IT!!

WITH A LITTLE HELP..

CONTENTS

前言   002

花生漫畫角色群   012

Part 1 與史努比讀禪

∥ 珍惜現在 ∥

喫茶喫飯 • 用心專注生活中每件小事   018

而今 • 努力當下，成就未來   020

年年歲歲花相似，歲歲年年人不同 • 只有「此刻」能掌握   022

諸行無常 • 不要害怕，勇敢接受改變   024

即今 當處 自己 • 全力活在「當下」吧   026

時時勤拂拭 • 時時擦亮自己的心   028

莫妄想 • 別被妄念囚縛   030

前後際斷 • 過往不戀，當下不負   032

懈怠比丘，不期明日 • 活在今日，而非寄望明天   034

日日是好日 • 無論晴天雨天都一樣珍貴   036

♬ 不與人比較 ♬

無分別 • 戒除愛比較的心態   038

柳綠花紅 • 世有萬貌，認同彼此的差異   040

本來不識 •「比較」只會讓自己被困住   042

無心 • 在當下，活出真我   044

處處皆真 • 以「真實的自己」活出每一天   046

木雞啼子夜 • 不要害怕與眾不同   048

無繩自縛 • 不先入為主，不抱成見   050

吾道一以貫之 • 不被周圍左右，走自己的路   052

一水四見 • 莫忘凡事因人而異   054

名利共休 • 比起外在，內心充實更重要   056

花枝自短長 • 你是獨一無二的存在   058

♬ 珍貴的獨處時間 ♬

殘心 • 獨處也不孤單，因為你很重要   060

閑坐聽松風 • 傾聽內心的聲音   062

直心是道場 • 一個人的意見也是意見！   064

江月照，松風吹，永夜清宵何所為・大自然是你永遠的朋友　066

聞聲悟道，見色明心・照自己步調走，才能更有體會　068

水急不流月・獨處時更能看到重要的事　070

千里同風・你絕非孤單一人　072

溪聲山色・大自然給人的寶貴禮物　074

白雲抱幽石・享受悠閒的獨處時光　076

✴ 從容面對人生 ✴

孤雲本無心・捨棄框架，讓心呼吸　078

狗子佛性・不必勉強回應　080

動中靜・不受周遭影響，保持平常心　082

南泉斬貓・不急於找答案，不做無謂爭論　084

且緩緩・一步一腳印、踏實前行　086

不立文字・有些事無法只依賴文字傳達　088

默・沉默亦是重要的溝通方式　090

休息萬事・需要徹底解放的休息時間　092

按照自己的步調努力吧

冷暖自知 • 親身體驗過才能明白 094

白珪尚可磨 • 「學習」沒有終止的一刻 096

步步是道場 • 只要有心，到哪都能學習 098

善因善果 • 善行造就豐盛的人生 100

自燈明，法燈明 • 以自己為依處而活 102

鳥鳴山更幽 • 苦難更顯人生深度 104

隨處作主，立處皆真 • 你就是人生的主角 106

誰家無明月清風 • 機會平等地造訪每個人 108

擁有體貼的心

知足（小欲知足）• 減少欲望，就會感到富足 110

一個半個 • 擁有可分享的朋友就是幸福 112

無限清風 • 允許自己不必太努力 114

聽雨寒更徹，開門落葉深 • 眼前的每一幕皆美 116

身心 • 「動手做」能溫柔療癒受傷的心 118

日照晝，月照夜 • 遍灑光輝的日月不求回報 120

把手共行 • 手牽手，在人生路上前行   122

身心一如 • 坦然道歉是最佳的認錯方式！   124

Part 2　無言話禪

和敬清寂 • 敬意能構築真誠的人際關係   128

無功德 • 不計較利害，結好緣就是好事   130

壺中日月長 • 境隨心轉   132

我逢人 • 與人相逢即是緣的開始   134

也太奇 • 讓心自由，讓感動純粹   136

遭遇災難時隨遇而安 • 有好有壞，人生才有趣   138

割鏡不照 • 失敗帶來學習的機會   140

薰習 • 習慣是一點一滴累積而成   142

八風吹不動 • 任憑八方風起，我仍不動如山   144

雨收山岳青 • 內心是陰是晴，自己決定   146

 Part 3　擁有禪心的《PEANUTS》角色群

不退轉 ● 抱持信念與覺悟，愈挫愈勇　　　　　　　　152

行雲流水 ● 順勢而為，展現自然魅力　　　　　　　　156

隨遇而安 ● 用自然的方式，作自己就對了　　　　　　160

增上慢 ● 人無完人，不忘謙虛　　　　　　　　　　　164

山是山，水是水 ● 不用強迫他人認同你　　　　　　　168

遊戲三昧 ● 全心投入就是最大的快樂！　　　　　　　172

明珠在掌 ● 相信心裡有著會發光的東西　　　　　　　176

生死事大，無常迅速 ● 珍惜當下的每一刻　　　　　　180

因邪打正 ● 把每天都當成最後一天　　　　　　　　　182

真玉泥中異 ● 守護自我價值，不受外表限制　　　　　184

獨坐大雄峰 ● 領悟「活著」本身就是美好　　　　　　186

非風動，非幡動 ● 會動搖的永遠只有人心　　　　　　188

花生漫畫角色群
PEANUTS CHARACTERS

Woodstock
糊塗塌客

這隻黃色小鳥是史努比的好朋友，總是一起在屋頂上嬉戲、午睡。飛行技術不佳的牠不能飛太高，而且說著只有史努比聽得懂的鳥語。

Snoopy
史努比

查理·布朗飼養的米格魯，總是躺在狗屋的紅色屋頂上。愛吃的牠最喜歡餅乾和冰淇淋。想像力豐富的史努比喜歡角色扮演，酷哥喬、轟炸王、律師都是牠愛的角色。

Sally
莎莉

查理·布朗的妹妹，喜歡奈勒斯，最討厭上學，總是任性地要求查理·布朗幫她寫功課。口頭禪是「關我什麼事啊！」

Charlie Brown
查理‧布朗

個性憨厚、溫和，愛犬史努比
在心裡稱他是「光頭小子」。
熱愛棒球的他總是輸球，卻努
力不懈地練習。不敢主動搭訕
心儀的女生。

Lucy
露西

嗓門大，愛說教的她開設
一間「心理諮詢小攤」，
每次收費 5 分錢，傾聽查
理‧布朗的各種煩惱。暗
戀謝勒德。

Schroeder
謝勒德

喜愛貝多芬的音樂家，總是用玩具鋼琴彈奏古典名曲。對於露西的積極示愛，有些不堪其擾，擔任棒球隊的捕手。

Peppermint Patty
派伯敏特・佩蒂

Marcie
瑪西

功課棒棒的優等生，卻不擅長運動。最好的朋友是派伯敏特・佩蒂，總是稱呼佩蒂為「隊長」；但因為瑪西也喜歡查理・布朗，所以兩人是情敵關係。

很有領導力的活潑女孩，喜歡查理・布朗，暱稱他為「查克」。擅長運動的她還組了一支棒球隊，卻不喜歡讀書。最好的朋友是瑪西。

Pigpen
乒乒

渾身髒兮兮，內心卻很純淨的男孩。好不容易把自己洗乾淨後，不知為何又變得很髒，不管別人說什麼都忠於作自己。

Franklin
富蘭克林

教室座位坐在派伯敏特·佩蒂前面的男孩。和查理·布朗是常聊爺爺近況的好朋友。

Linus
奈勒斯

露西的弟弟，總是隨身帶著他最愛的「安心毯」，這行為讓姊姊露西頗有微詞。聰明的他也是查理·布朗的戀愛諮商對象。深信萬聖夜時，南瓜大王會出現在南瓜園中。

Rerun
小雷

露西和奈勒斯的弟弟。總是坐在媽媽的腳踏車後座,因為想養狗,所以常和史努比玩在一起。因為露西說小雷的到來就好像奈勒斯的出生「又來一次(rerun)」,所以奈勒斯把弟弟取名為小雷。

Spike
史派克

史努比的哥哥,獨自在沙漠與仙人掌一起生活。作者修茲的愛犬也叫史派克。個性溫柔的牠和米老鼠是好友,米老鼠還曾把自己的鞋子送牠。

Part
1

與史努比讀禪

用心專注生活中每件小事

禪語

———

「喫茶喫飯」

———

莎莉有句名言:「最好的生活方式,就是一天一天地過。」這句話的意思就是禪語的「喫茶喫飯」,亦即喝茶時專注喝茶,吃飯時專注吃飯,用心過生活很重要。儘管眼前有許多想做的事或是該做的事,但在這瞬間能全力以赴的事,只有一件;要是這邊做做、那邊做做的話,不是忘了要做些什麼,就是淪為半吊子,反而沒有一件做得好。此外,隨著要做的事情愈來愈多,難免會擔心「這個也做不好,那個也做不好」,不妨學學莎莉以每一天、每一件事為單位來劃分生活,這就是「活在當下」的生存之道。

THIS IS MY REPORT
ON HOW TO LIVE..

THEY SAY THE BEST
WAY IS JUST TO LIVE
ONE DAY AT A TIME..

IF YOU TRY TO LIVE
SEVEN DAYS AT A
TIME, THE WEEK WILL
BE OVER BEFORE YOU
KNOW IT..

努力當下，成就未來

禪語

「而今」

每次姊姊露西話裡出現「你總是…」時，弟弟奈勒斯就會反駁：「別把『總是』掛在嘴邊啦！人生沒有『總是』。」因為「總是」一詞包括著過去、現在，甚至是未來，所以奈勒斯不認同露西的說法吧。道元禪師的名訓：「每個人都有所謂的當下，就算思考幾千幾萬遍的過去、未來與現在，最重要的還是活在當下。」時光一逝不復返，誰都會回顧過往，為過往的失敗而懊惱，或是留戀曾經有過的輝煌時刻，但這麼做只會讓你錯失現在這一刻。當然，面對未來惶惶不安也無濟於事，所以與其煩惱過去和未來如何，不如努力活在當下，每一個「當下」都是成就下一秒的基石。

1992.11.04

OH, YEAH? WELL, YOU
ALWAYS...

DON'T SAY, "ALWAYS"!
NOTHING IN THIS
LIFE IS FOR "ALWAYS"

EVERY NOW AND THEN,
ONCE IN A WHILE, YOU
DRIVE ME CRAZY!

只有「此刻」能掌握

禪　語

————

「年年歲歲花相似，
歲歲年年人不同」

————

這句話的意思是懷想一起賞花的往事，也感嘆世事無常。花兒每年都盛開，賞花的人卻不見得每年都一樣。大自然的悠遠與生命的無常呈對比，告訴我們能夠掌握的就只有「現在」。不管再怎麼企望，過往的歡喜日子也不會回來；不管再怎麼盼望，也無法保證明天一定會到來。春天一到，花兒綻放；入夜枕眠，醒來又是新的一天。這些絕非理所當然的事，所以在一切都覺得理所當然的今日，更要珍惜每一天地活下去。有時回想過往的事很好，但不要一味沉浸其中，珍惜今天這個珍貴的日子最重要。

1972.02.28

WE ALL NEED HOPE, FRANKLIN, DID YOU KNOW THAT?

AND WE ALL NEED MEMORIES...WITHOUT GOOD MEMORIES, LIFE CAN BE PRETTY SKUNGIE...

I HAD THREE GOOD MEMORIES ONCE...

BUT I FORGOT WHAT THEY WERE!

我們都需要
懷抱希望和回憶。

不要害怕，勇敢接受改變

禪 語

——

「 諸 行 無 常 」

——

「沒什麼事是永遠不變的」奈勒斯這句話的意思，就是佛教的三法印之一「諸行無常」。諸行無常、森羅萬象，教導我們這世間發生的一切不可能永遠不變。人們追求安心，討厭改變，試圖違逆「無常」；然而，不管再怎麼努力，也無法阻止無常。唯有誠心接受無常，即便身處逆境，還是能告訴自己「一定會變好」；相反的，身處絕佳狀況時，就會提醒自己「這般狀況不可能長久不變，所以要心存感激」。每天的景色都不同，迎面拂來的風不一樣，四季更迭，人生也一樣。我們的人生，每天都在面對改變。

1982.09.21

NOTHING GOES ON FOREVER

ALL GOOD THINGS MUST COME TO AN END...

WHEN DO THE GOOD THINGS START?

全力活在「當下」吧

禪 語

「即今 當處 自己」

就像上課時打瞌睡的派伯敏特・佩蒂，突然驚覺「時間過得好快」，希望大家都能明白「即今 當處 自己」這句禪語。這句禪語的意思是：「現在這瞬間，在自己所處的地方，做自己能做的事。」在自然災害與國際疫情的侵襲下，我們不知道未來會如何，不一定能和今天一樣順利迎來明天。就算懊悔自己浪費時間，時光也無法復返；即使想到未來就惶惶不安、煩惱不已也無濟於事，畢竟一味被過往束縛就無法前進。我們能做的就是全力活在「當下」。人生有高潮，就有低谷，積極地活在「當下」，活出自我，才能豐富人生，讓人生變得有趣。

QUICK, MARCIE, I NEED THE ANSWER TO THE THIRD QUESTION!

THERE IS NO THIRD QUESTION, SIR.. WE DID THAT TEST LAST WEEK...

TIME FLIES WHEN YOU'RE HAVING FUN..

時時擦亮自己的心

禪 語

「 時 時 勤 拂 拭 」

史努比的名言「人不該活在後悔中」，就是一句禪語。人在遭逢失敗時，往往會不自覺地傷害別人。但我們不該活在後悔中，要是發現心不再沉靜、變得黯淡，趕快擦亮自己的心就對了。翻譯本書的谷川俊太郎先生有一首名為〈後悔〉的詩，開頭寫道：「當時這樣就好了　只因有這種無用的假設　雖然想用言語銷毀過去　但眼前杳無人跡的海灘　即使閉上眼也不會消失」就像這首詩的意思，我們無法改變過去，所以別被後悔囚縛。自我反省，汲取過往經驗，絕對和一味活在過往的人生不一樣。就像一回神，才發現口袋底部積著灰塵與污垢，你的心也許在不知不覺間也會如此，所以這句禪語就是告訴我們要時常擦亮自己的心。

人不該
活在後悔中啊…

A PERSON SHOULDN'T HAVE TO LIVE
WITH REGRETS...

可能讓心變得
千瘡百孔，

IT CAN TEAR YOU APART

只有一件事
會讓我後悔好幾年，

I KNOW ONE REGRET THAT HAS
HAUNTED ME FOR YEARS...

那就是我從
沒咬過人！！

I'VE NEVER BITTEN ANYONE!!

人不該活在
後悔中啊…

別被妄念囚縛

禪　語

───

「莫妄想」

───

「莫妄想」這句禪語教諭我們不要妄想。這裡的「妄想」不是一般說的誇大幻想，而是不要拘泥於生死、愛憎、美醜、貧富這些相對性差異。為什麼呢？因為一旦在意這般差異，就會心生偏好與執念。人只要有了比較，就會希望自己變更好。「我比那個人優秀多了～」一旦有了這般念頭，內心的欲望就會愈來愈多。問題是，處在這樣的狀態真的能讓自己過著豐富多采的人生嗎？雖然很難做到心中毫無欲望，但可以努力不去萌生欲望，首先就是要做到不妄想。奈勒斯那種因為一無所知，所以覺得很恐怖的消極想法，就是因為不知道而心生妄想，被妄念囚縛而恐懼不已。

IF WE UNDERSTAND SOMETHING, WE USUALLY AREN'T SO AFRAID...

I THINK WE ALL FEAR THE UNKNOWN

DON'T YOU THINK SO?

I DON'T KNOW

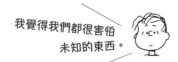

我覺得我們都很害怕未知的東西。

過往不戀，當下不負

禪　語

————

「前後際斷」

————

我們活在過去、現在、未來的時間流中。但，此刻存在的現在既非過去也不是未來，更不是過去的「之後」與未來的「之前」，這就是所謂的「前後際斷」。道元禪師以柴火與灰燼為例，闡述這句禪語 —— 柴火燃燒殆盡，成了灰燼，一旦成了灰燼就無法變回柴火。柴火不是灰燼「之前」的模樣，灰燼也不是柴火「後來」的模樣。柴火是柴火，灰燼是灰燼，兩者都是獨立的個體，兩者之間看似相關，其實是斷開的。若能明白這道理，就不會被過往囚縛，也不會對未知的未來深感不安。曾經失敗的人，還能昂然而活嗎？反省過往，改正行為，是否就能堂堂正正地活在當下？就像派伯敏特‧佩蒂說的，人生應該像棒球比賽一樣，一局一局地計畫。

查克,你有想過
上大學的事嗎?

HEY, CHUCK, DO YOU
EVER THINK ABOUT
COLLEGE?

這個嘛…
沒吧,

WELL, NOT
REALLY..

這可是個問題呢…
你的人生毫無方向啊!

THERE'S YOUR PROBLEM..
YOUR LIFE DOESN'T HAVE ANY
DIRECTION..

人生應該像
棒球比賽,一
局一局地計畫。

A LIFE SHOULD
BE PLANNED LIKE
INNING BY INNING..

我試過啊…
但對方還在
打擊中…

5-20

I TRIED THAT..THE
VISITORS ARE STILL
AT BAT..

人生應該像棒球比賽,
一局一局地計畫。

活在今日，而非寄望明天

禪　語

「懈怠比丘，不期明日」

「懈怠比丘，不期明日」這句禪語是茶道裏千家的代名詞「今日庵」的由來。承繼千利休的第三代千宗旦，晚年蓋了一間作為隱居之所的茶室。某日，千宗旦舉辦一場茶席，邀請私交甚篤的禪學老師，京都紫野大德寺清巖和尚。到了約定時間，和尚卻遲遲未現身。有急事在身的宗旦交代弟子：「和尚要是來的話，請他明天再來一趟。」便匆匆出門。千宗旦回來後，發現早已走了的和尚留下這麼一句禪語：「我這個懶惰的和尚，明天來不來，還不知道。」千宗旦從中領悟了「一期一會」的道理，期許自己不要有寄望明日的心態，遂將茶室取名為「今日庵」。這句禪語就是教諭我們要想好好迎接新的一天，就得好好結束前一天。

LEARN FROM YESTERDAY

LIVE FOR TODAY

LOOK TO TOMORROW

REST THIS AFTERNOON

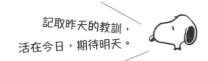

記取昨天的教訓，
活在今日，期待明天。

無論晴天雨天都一樣珍貴

禪　語

「日日是好日」

這句話很容易被解讀成「每天都是好日子」，其實不然。一年中，有晴天也有雨天，晴天有著晴天的清爽感，雨天也有屬於雨天的美。人的一生有好日子，也有不順遂的時候；有閃閃發亮的時刻，也有時運不濟的一天，都有著只有當下才能嚐到的滋味，而品嚐這般滋味是最美好的事。人生就是這樣好壞不斷反覆，身處順境時，也許能得到活下去的希望；身處逆境時，或許能培養堅忍不屈的毅力。無論是開心的一天，還是痛苦、悲傷的一天，都是無可取代的，所以要珍惜每一天。今天的美好與否，取決於自己的心，別讓處境左右你的人生。你的生存之道與想法，造就你的人生。

噴！又是「D⁻」！

RATS! ANOTHER
"D-MINUS"!

人生有晴天，也有雨天。
隊長，有白晝，也有黑夜；
有高山，也有低谷…

LIFE HAS ITS
SUNSHINE AND ITS
RAIN, SIR...ITS DAYS
AND ITS NIGHTS..
ITS PEAKS AND ITS
VALLEYS...

今晚我的低谷
在下大雨！

IT'S RAINNING
TONIGHT IN MY
VALLEY!

人生有晴天，也有雨天。

戒除愛比較的心態

禪 語

———

「無分別」

———

我們都會期許自己「當個有判斷力的人」,「判斷力」指的是判斷事物、分辨善惡的能力;然而,禪學主張的是接受事物的原本模樣,切勿心存比較,也就是「無分別」。善惡、大小、優劣、長短……這世上有許多相對性觀念,但禪學崇尚的不是藉由比較而產生的價值,而是著眼於事物本身。因為比較而產生的滿足感,並非真正的滿足。為什麼呢?因為只看到自己與別人的「差異」。心存比較,只會蒙蔽自己的雙眼,應該好好地看著自己,毋需和別人比較。不管是在家裡還是學校,老被拿來比較的人肯定很痛苦吧。藉由認識這句禪語,還有史努比這個作品,戒掉凡事愛比較的心態吧。

TELL ME SOMETHING...

ARE THERE MORE BAD PEOPLE IN THE
WORLD, OR ARE THERE MORE GOOD
PEOPLE?

WHO IS TO SAY? WHO IS TO SAY WHO
IS BAD OR WHO IS GOOD?

I WILL!!

世有萬貌，認同彼此的差異

禪 語

「柳綠花紅」

隨著春風搖曳的綠色柳樹、盛開的紅色花朵，「柳綠花紅」是句形容景色美好的禪語。無論柳樹或紅花都那麼自然地存在，各有各的特色，正因為是無可取代的生命，才會那麼美。每個人都有自己的特色，價值觀也不一樣，唯有認同彼此的差異，才能構築良好的人際關係。當然，接受原本的模樣並不是件容易的事。若將對方比喻成柳樹，自己是紅花的話，一心想把柳樹變紅，要求對方理解自己的想法，只會造成彼此之間的壓力。最重要的是，認同並尊重彼此原本的模樣。就像覺得大家都不一樣也很好的查理‧布朗、希望大家和自己一樣的露西，從兩人的對話就能感受到認同彼此差異是人際關係的重要一環。

IT'S REALLY A GOOD THING THAT
PEOPLE ARE DIFFERENT

WOULDN'T IT BE TERRIBLE IF
EVERYBODY AGREED ON EVERYTHING?

WHY?

IF EVERYBODY AGREED WITH **ME**, THEY'D
ALL BE ALRIGHT!

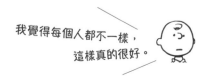

我覺得每個人都不一樣，
這樣真的很好。

「比較」只會讓自己被困住

禪 語

———

「本來不識」

———

達摩祖師與梁武帝進行一番禪問答之後，梁武帝問：
「那我面對的是誰？」達摩祖師回道：「不識。」所謂
「不識」，直譯就是「不認識」。面對掌握大權的主政
者，一般人都會恭謹回應，達摩祖師卻毫無怯色地回答
「不認識。」其實達摩祖師想傳達的意思是，真實的自
己是不可能透過各種方式來瞭解的。同樣的，用腦子來
思考「問題」的大小，永遠無法得到答案；也就是說，
要是把眼前的事情視為「問題」的話，就會被這件事困
住。而奈勒斯不把問題視為問題的態度，或許就體現了
達摩祖師的禪意。不要凡事都二分法，能夠超越既定
的認知就是達摩祖師說的「不識」。超越識（認識、知
道）與不識（不認識、不知道），就是不識。

I DON'T LIKE TO FACE PROBLEMS HEAD ON

I THINK THE BEST WAY TO SOLVE PROBLEMS IS TO AVOID THEM

THIS IS A DISTINCT PHILOSOPHY OF MINE..

NO PROBLEM IS SO BIG OR SO COMPLICATED THAT IT CAN'T BE RUN AWAY FROM!

沒有問題是龐大、複雜到無法避開的！

在當下，活出真我

禪 語

「 無 心 」

不管是刻意膨脹自我，還是缺乏自信、自卑不已⋯⋯心中一旦有了「偏執的想法」，就會不自覺地被妄想與執著囚縛；而讓心歸零，就是「無心」。或許聽到這樣的說法，會覺得必須經過嚴格修行，除去一切欲望，才能達到如此深遠的境界。其實所謂的「無心」，絕非什麼困難的事，只要讓心放空就行了。捨棄無謂的心思，讓對方看到最原本的自己，以最自然的自己面對任何人。一旦有了企圖或無謂的心思就會有欲望，反而容易招致失敗。人就該面對現實，在自己身處的地方，活出最真實的自己。以史努比的風格來說，就是「以手上的牌決勝負」，這一點很重要。

SOMETIMES I
WONDER HOW YOU
CAN STAND BEING
JUST A DOG..

YOU PLAY WITH THE
CARDS YOU'RE DEALT..

WHATEVER THAT
MEANS

以「真實的自己」活出每一天

禪語

――――

「處處皆真」

――――

「好想變成那樣喔～」心中的理想型,有時會成為驅使
自己成長的原動力;但這念頭若是太過強烈就會變成妄
想,反而會抹殺原本的自己,無疑是本末倒置的行為。
「處處」就是「四處」的意思,也有在任何地方的意
思;「皆真」就是「一切都是真實」,所以這句禪語的
意思是在任何地方,一切都是真實。我們的日常生活,
無論是在家裡、學校、公司,還是在大自然中,眼前就
有真理,只是我們沒有察覺。只要凡事無心以對,驅使
五感的話,就能發現一直沒有察覺的真理。認同並接受
最真實的自己,自己的內心也存在著真理。其實「想變
成別人」、「希望受到矚目」的想法很容易心生不安,
以最真實的自己活著才會踏實,希望大家都能把這句禪
語放在心裡。

1989.09.28

我爸喜歡當理髮師，

MY DAD LIKES BEING A BARBER

他說要是一輩子都想成為另一種人是很可怕的事。

HE SAYS IT'S TERRIBLE TO GO THROUGH LIFE WISHING YOU WERE SOMETHING ELSE

我從沒想過要變成狗以外的東西。

I NEVER WANTED TO BE ANYTHING BUT A DOG..

9-28

要是一輩子都想成為另一種人是很可怕的事。

不要害怕與眾不同

禪語

「木雞啼子夜」

史努比肯定糊塗塌客的行為，告訴牠：「沒必要因為大家都這麼做，你也跟著做。」「木雞啼子夜」與「芻狗吠天明」是相同意思的一組禪語，意思是「木雕的雞，午夜時分會啼叫；用稻草紮的狗，黎明時分會吠叫」。因為一般的常識是雞鳴在凌晨，狗吠於午夜，所以這句禪語的意思是不拘泥於任何形式，言行自由。世人往往基於「接受現在的一切就行了」這類的「同調性」，或是受到來自周圍的壓力，以至於無論想法或行為都和周遭人一樣，也就容易被所謂的「常識」束縛。其實，只要試著相信自己的感性來行動，一定能感受到前所未有的自由，發現不必和別人比較、最真實的自己。請試著以「木雞啼子夜」這句禪語鼓勵自己開拓眼界，想法更闊達。

1990.11.02

我說你啊，如果不想因為
準備過冬而南飛的話，
不去也沒關係啊…

YOU KNOW, YOU DON'T
HAVE TO FLY SOUTH
FOR THE WINTER IF
YOU DON'T WANT TO...

其他人都這麼做，
不表示你也要這麼做…

JUST BECAUSE
EVERYONE ELSE IS
DOING IT, DOESN'T
MEAN YOU HAVE TO..

其他人都這麼做，
不表示你也要這麼做…

不先入為主，不抱成見

禪 語

————

「無繩自縛」

————

「無繩自縛」的意思是明明沒有繩子，卻自己綁著自己，也就是被一條無形的繩子給束縛住，失去自由的意思。你是否因為執念與偏見而限制自己的想法呢？搞不好只有你認為「沒有前例可循，所以不行」。就算被說任性，但改變看法往往是促使自己成長的一大契機。不要被別人的既有觀念或常識束縛，只要永保初心地看待每件事，世界看起來就會不一樣。從查理‧布朗與露西的對話，讓人聯想到我們很容易被既有觀念與偏見束縛，認為「人生的答案就寫在最後」，其實不曉得答案在哪裡才是答案，所以兩人對話的這一幕，讓人體會到活著就要充實度過每一天。

PEANUTS

「人生」這本書，
最後沒有寫答案！」

"IN THE BOOK OF LIFE, THE ANSWERS
ARE NOT IN THE BACK!"

這是我的新哲學。

THAT'S MY NEW PHILOSOPHY

我覺得你在
自尋煩惱。

I THINK YOU'RE IN TROUBLE

1972.01.25

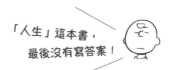

「人生」這本書，
最後沒有寫答案！

不被周圍左右，走自己的路

禪語

———

「吾道一以貫之」

———

相信應該有不少人遇過這般困擾——周遭的人基於好意而給予建議，或是出於保護心態，擅自做些了決定……凡事在乎別人的想法、聽從別人的意見，只會讓自己更加困惑，忘了自己真正想要的是什麼。每個人都要有自己的想法，相信自己是對的，不輕易動搖。「吾道一以貫之」就是不被周圍左右，走自己的路。乒乓是個常常被別人批評外表的角色，他卻一點也不在意。釋迦牟尼佛在修行時，總是撿其他僧侶丟棄不要的破爛布縫成袈裟來穿，稱為「糞掃衣」。如此不執著於外在、不受物欲束縛的心，令人崇敬。不因被人批評外表就貿然改變的乒乓，正是因為他不受周圍的聲音左右。

'PIG-PEN', IT'S BAD ENOUGH THAT YOU'RE AS DIRTY AS YOU ARE..

BUT COULDN'T YOU AT LEAST TIE YOUR SHOELACES?

WHAT DO YOU WANT ME TO BE....

INCONSISTENT?

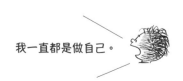

我一直都是做自己。

莫忘凡事因人而異

禪語

———

「一水四見」

———

這句禪語的意思是同一件事因為觀者的看法不同,感受也不一樣。一樣是水,天見到的是寶嚴池,人看到的是水,餓鬼見到的是膿血,魚看到的則是住所,四種截然不同的觀點。像這樣面對同一個事物卻有著不一樣的認知,就是所謂「一水四見」,也就是凡事因人而異的意思。這句禪語要告訴我們的可不只是關於水的道理,發生在我們身上的事,遇見的所有事物都是「一水四見」。水就是水,不要認為只有自己的想法是正確的,依觀點或立場的不同,即便同樣是水,也會有各種模樣。就像躺在狗屋屋頂上的史努比隨著一天的時間變化,腦中的想法也不一樣。

凌晨三點的事，
到隔天中午重新思考，
得到的答案不一樣呢⋯

IF YOU THINK ABOUT SOMETHING AT
THREE O'CLOCK IN THE MORNING AND
THEN AGAIN AT NOON THE NEXT DAY,
YOU GET DIFFERENT ANSWERS..

凌晨三點的事，
到隔天中午重新思考，
得到的答案不一樣呢⋯

比起外在，內心充實更重要

禪 語

「名 利 共 休」

在追求勝負的世界中，贏了當然很開心，覺得驕傲。倘若名聲財富到手，更會覺得自己是人生勝利組；然而，最好還是在心裡告訴自己：「這只是小小的獎賞。」「名聞利養」的「名利」，就是訓誡人們不要執著於追求名聲與利益。一旦得到名聲與財富，人就容易變得傲慢。或許一時之間，有很多人爭相與你打交道，但要是沒了這一切又會如何呢？畢竟名聲與財富不可能永遠不變，一有變數就會輕易消失，所以毋須執著於這種東西，而是要在意真正的富足是什麼。就像瑪西不在意球賽輸贏，只在乎內心是否充實。只要我們像瑪西一樣追求生活中的心靈充實，就能感受到近在身邊的幸福。

瑪西，妳不能站在右邊啦！

只要能站在你旁邊就好了。查理…

MARCIE, YOU SHOULD BE OUT IN RIGHT FIELD..

I'M HAPPIER STANDING HERE WITH YOU, CHARLES...

可是，會有球飛過來啊！

沒關係啊！只要站在你旁邊我就覺得很幸福。

BUT WHAT IF SOMEONE HITS A BALL TO RIGHT FIELD?

WHO CARES? I'M HAPPY JUST STANDING HERE NEXT TO YOU, CHARLES

雖然球賽贏不了，但有覺得幸福的選手。

WE DON'T WIN ANY GAMES. BUT I HAVE HAPPY PLAYERS..

雖然球賽贏不了，但有覺得幸福的選手。

你是獨一無二的存在

禪 語

「花枝自短長」

就算受到同樣的照料，開著花朵的樹枝，長短不一定會一樣，如此整體才能平衡，展現大自然的美，「花枝自短長」就是這意思。查理・布朗和奈勒斯各自尋找去除暑意的方法時，史努比在他們倆面前展現了獨特的消暑方法。結果，不會這麼做的兩人只說了句：「每個人都有自己的作法囉。」便走掉。每個人的個性都不一樣，所以和別人不一樣也沒關係，不必和別人比較，也不要一味著眼於自己欠缺的東西，就不會因此情緒低落。總之，沒必要和別人喜歡同樣的東西，也沒必要和別人的想法一樣，因為你是這世上獨一無二的存在。要知道，再也沒有比失去個人特色更可惜的事了。

1962.05.15

WHAT'S THE BEST WAY TO KEEP COOL
DURING WARM WEATHER?

OH, I DON'T KNOW...I CAN THINK OF
SEVERAL GOOD WAYS..

I GUESS DIFFERENT PEOPLE HAVE
DIFFERENT METHODS..

每個人都有
自己的作法囉…

獨處也不孤單，因為你很重要

禪 語

――――

「 殘 心 」

――――

茶人武野紹鷗是將禪導入茶道的村田珠光流派傳人，為求緩和茶席間的氣氛，讓茶會圓滿、賓主盡歡，紹鷗會仔細說明茶道具。當茶道具置於手中，就會捨不得結束這場永留心中的美好茶會，就是所謂的「殘心」。忙於生活的我們往往只想著自己的事，無暇顧及其他事，然而感受到別人的體貼時，心裡頓時有股暖意――相信大家都有過這般經驗吧。「殘心」這句禪語就是要我們想起這般心情。就像史派克身旁總有仙人掌陪伴，仙人掌讓牠感受到所謂的殘心。當深感寂寞的人遇到有著同樣情況的人，就會產生共鳴。這則漫畫以淺顯易懂的方式告訴我們這道理。

I'M GOING INTO TOWN FOR AWHILE

DON'T WORRY..I'LL BE BACK BEFORE DARK..

IT'S NICE TO HAVE SOMEONE MISS YOU WHEN YOU'RE GONE

WHEN I LOOK BACK, I CAN SEE HIM STILL WAVING..

傾聽內心的聲音

禪 語

———

「閑坐聽松風」

———

茶道將茶釜煮沸時發出的聲音，稱為「松風」。「松風」也是指松葉被風吹動時發出的細微聲音，「彷彿聽得到其實小到根本聽不見的聲音」就是「松風」。茶室響起水煮沸時的細微聲音，吟味靜寂的奧妙。「閑坐聽」是指只是靜靜坐著、聽著。繁忙的日常生活中充斥各種聲音，所以更要珍惜靜靜坐著，側耳傾聽聲音的時光。在史努比漫畫中，身處人群中總是覺得孤獨的露西，一個人喃喃自語時卻一點也不覺得寂寞。身處閑靜時光就能明白對自己來說，什麼才是最重要的。擁有澄靜的心，就能避免錯失真正重要的事。獨處時，一點也不感到寂寞的露西，也許就是聽著「松風」吧。

HAVE YOU EVER FELT LONELY WHEN YOU WERE IN A CROWD?

OH, YES, LOTS OF TIMES...IN FACT, I **ALWAYS** SEEM TO FEEL LONELY WHEN I'M IN A CROWD..

YOU DO?
UH, HUH

THE ONLY TIME I'M **NOT** LONELY IS WHEN I'M BY **MYSELF!**

只有獨處時，
才不覺得寂寞！

一個人的意見也是意見！

禪 語

「直心是道場」

「直心」是指純粹、不受執念束縛的心，而「道場」則是指修道的場所。所謂「直心是道場」就是不執著，抱持純粹之心修行的話，無論何時、不論何處，「現在身處的地方」都是道場，都能精進自我的意思。就像奈勒斯不管別人怎麼說，始終堅信有「南瓜大王」般，得不到別人的贊同，堅持自己的信念是需要勇氣的。擔心自己被孤立、害怕孤獨，也就習慣跟從別人的意見，隨波逐流了。然而，有勇氣獨自走在自己認同的這條路上是非常難能可貴的事。當基於周遭壓力，不同意見難以被社會接受時，若能面對任何狀況都保有率直的心，就是指引自己朝著正確方向的路標。

1963.10.28

DON'T TELL ME YOU'RE SITTING HERE
WAITING FOR THE "GREAT PUMPKIN"
AGAIN?

HOW CAN YOU BELIEVE IN SOMETHING
THAT JUST ISN'T TRUE? HE'S NEVER
GOING TO SHOW UP! HE DOESN'T EXIST!

WHEN YOU STOP BELIEVING IN THAT
FELLOW WITH RED SUIT AND WHITE
BEARD WHO GOES, "HO HO HO", I'LL
STOP BELIEVING IN THE "GREAT
PUMPKIN"!

WE ARE OBVIOUSLY SEPARATED BY
DENOMINATIONAL DIFFERENCES!

大自然是你永遠的朋友

禪 語

———

「江月照，松風吹，
永夜清宵何所為」

———

「江月照，松風吹，永夜清宵何所為」的意思是，月色映照在水面上，吹拂松葉的風舒爽無比，如此清靜夜景是為了什麼而存在呢？這句禪語告訴我們，月亮不是為了誰而發出光芒，風也不是為了算計什麼而吹，大自然的美並非基於什麼理由而存在。生活在沙漠的史派克把仙人掌比擬成服務生，把天地當作自己包下來的餐廳，度過愉快的夜晚。就像枯山水之類的禪庭園也是鋪上白砂、小石當作水面，用石塊形塑瀑布湍流的感覺，或許和史派克的作法有著異曲同工之妙。就算只有一個人，也能讓自己活得愉快自在，不必唱嘆沒有聊天對象，端看自己如何享受獨處時間。

WHEN YOU LIVE ALONE IN THE DESERT,
YOU HAVE TO MAKE YOUR OWN
PLEASURES...

Garçon..

A MENU, PLEASE

得自己找樂子才行…

照自己步調走，才能更有體會

禪語

———

「聞聲悟道，見色明心」

———

這句禪語的意思是指聽著眼前大自然的聲音，欣賞大自然的各種顏色，就能明瞭自己的心。你今天一天的心情如何？看了許多網路新聞，有點心煩氣躁，或是看了不是很喜歡的影片，不知為何覺得很空虛，你是否經歷了這樣的時光？生活在現代社會的我們往往不自覺地接受過多資訊。但史努比就不一樣了。牠依著自己的步調，感受日光、空氣、植物、水、土壤、鳥、微生物等各種存在，察覺自己與萬物之間的連結，抱持安穩的心前進，這就是「聞聲悟道，見色明心」的真意。當你覺得心神疲乏時，不妨像史努比一樣，一個人出去散散步吧。獨處和孤立不一樣，有時候正是因為只有自己一個人，才能察覺到重要的連結。

懂得細心觀察的
人，會在健行時
學到很多事…

AN OBSERVANT SCOUT CAN LEARN A
LOT ON A HIKE...

他能學習到
「大自然的複雜構成」

HE CAN LEARN ABOUT THE "WEB OF
NATURE"

日光、空氣、植物、水、
土壤、鳥、微生物…

SUNLIGHT, AIR, PLANTS, WATER, SOIL,
BIRDS, MICROORGANISMS....

大家齊心協力，
為米格魯打造更好的生活！

ALL WORKING TOGETHER TO MAKE A
BETTER LIFE FOR BEAGLES!

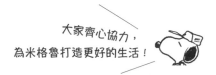

大家齊心協力，
為米格魯打造更好的生活！

獨處時更能看到重要的事

禪 語

「水急不流月」

河水再怎麼湍急，也無法沖走映在水面的月亮，這就是「水急不流月」的意思。世上有著像河水一樣不斷流逝的東西，真理、真實卻有如月亮般不變。這句禪語告訴我們不要因為每天發生的事而一喜一憂，應該像映在急流中的月亮般，擁有一顆不會輕易動搖的心。人難免都會有獨處的夜晚，被孤獨壓垮，把自己關在房間。但這時的你與其頹喪不已，不妨像喜歡躺在屋頂上幻想的史努比一樣抬頭看看夜空。正因為你總是沮喪地低著頭，才會沒能發現無垠的閃亮夜空，也許抬頭仰望就能看到真正重要的事物，因為不管是月亮還是今夜，都在屬於你的那片夜空之中。

WHAT A BEAUTIFUL NIGHT..

THE MOON IS FULL..

..AND THERE MUST BE A BILLION STARS
IN THE SKY..

IT'S A PERFECT NIGHT TO GET A STAR-
TAN..

你絕非孤單一人

IS IT RAINING WHERE YOU ARE?

禪 語

———

「千里同風」

———

你那裡不也是在下雨嗎？

> 你那裡不也是在下雨嗎？

「千里同風」的意思是不管在千里之外多麼遙遠的地方，也是吹著你現在感受到的風。這裡的千里指的是「四處」，再遠的地方，也是吹著同樣的風。無論相隔多遠，肯定有人和自己的處境一樣，肯定有人與你懷抱著同樣的夢想。漫長人生中，難免有覺得孤單、被孤獨擊潰的時候，這時請想想史努比哥哥史派克的小故事吧。史派克淋成落湯雞，牠的聊天對象仙人掌也是被淋得濕漉漉，於是史派克發現不只自己淋了雨。孤獨與孤立是不一樣的，史努比的漫畫教導我們如何讓獨處時間不受孤獨感支配的智慧。

大自然給人的寶貴禮物

禪語

「溪聲山色」

你有過這樣的經驗嗎？獨處的時候，非但心情無法平靜，腦子裡反而塞滿煩惱、心神不寧，不知如何是好。好不容易有個獨處時間，不妨學學史努比去感受大自然吧。「溪聲山色」是出自道元禪師的話語，意思是溪谷河川的水聲、變化不停的山景，就像在聽佛說法，就像是佛的法身，一草一木，一山一水，皆有心。這就是佛教說的「佛性」。只要以悟道的眼看待天地一切事物，每件事物都是佛的法身，徹悟佛的真理。不只人類，正因為動植物、大自然都有著同樣的生命，才能實踐這樣的想法。倘若地球上所有事物都能克盡己職，生命就能變得更加閃耀生輝。只要察覺自己身處的世界就是這樣的生命共同體，內心肯定能湧現希望。

EVERYONE NEEDS TO HAVE HOPE..

SOMETIMES IT'S ONLY A LITTLE THING THAT GIVES US HOPE...A SMILE FROM A FRIEND, OR A SONG, OR THE SIGHT OF A BIRD SOARING HIGH ABOVE THE TREES..

SO MUCH FOR HOPE

享受悠閒的獨處時光

禪　語
———

「白雲抱幽石」

———

「白雲抱幽石」表現出唐代僧侶過著隱居生活的模樣，
白雲浮於藍天，地上有著生苔的巨石，雲被風吹散，巨
石卻經年累月屹立不搖。這句禪語表現出獨處時的光
景，也告訴我們給自己一段獨處時光有多重要。在沙漠
中流浪的史派克決心蒐集石頭，打造堅固的家。於是，
牠開始動手用石頭堆疊成臥室，悠閒地躺在上頭休息。
每天忙於生活，沒有餘暇思考自己究竟想過什麼樣的人
生的話，不妨學學史派克給自己一段悠閒的獨處時光，
好比一個人在咖啡館消磨時間，暫時遠離日常的環境，
好好休息。藉此擺脫煩惱與執著，心情也會清爽許多。

我來蒐集石頭，
打造堅固的
家吧。

I'VE DECIDED TO
COLLECT A BUNCH
OF ROCKS, AND
BUILD MYSELF A
NICE STURDY HOME

家是從臥室開始…

ALWAYS START WITH
THE BEDROOM..

我來蒐集石頭，
打造堅固的家吧

捨棄框架,讓心呼吸

禪語

————

「孤雲本無心」

————

在天空緩緩流動的雲變成各種形狀,順著風,漂浮天際。「孤雲本無心」就是告訴我們,人心也該像雲一樣自由自在。拋開執念與算計,解放自己的心。擁有一顆不受束縛的心,才能遇到出乎意料的緣分,才能豐富自己的人生。不需要端個架子,敞開心胸接納別人,真心感受一切。捨棄執念,釋放被束縛的心,唯有像雲一樣的自由自在,才能過著豐富多采的人生。想像力豐富的史努比望著自由翱翔天際的鳥兒,有感而發地說了句:「我們想要的話,小狗也能飛。」一旁的糊塗塌客用地的語言客觀地回應。從不偏執、不端架子,接納別人的意見的兩人身上,我們感受到了自由。

DOGS COULD FLY IF WE WANTED TO..

YOU'RE RIGHT..OUR COLLARS WOULD GET CAUGHT IN THE TREES..

HOW DID YOU KNOE THAT?

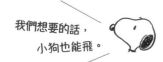

不必勉強回應

禪語

———

「狗子佛性」

———

「狗子佛性」是禪門最具代表的公案之一。某日，弟子問趙州禪師：「小狗有佛性嗎？還是沒有呢？」趙州禪師回答：「沒有。」佛教認為「所有事物皆有佛性」，這個回答顯然是違背佛教真意。但其實趙州禪師的回答不是「沒有」的意思，也不是「有」，超越有無才是他的本意。思考有無，才會驅使腦子來判斷，再也沒有比這行為更容易束縛自己的心，所以這句話也可以解釋成「別再做判斷了」。要是怎麼想也想不出個所以然的話，就別執著了，反正總有機會想明白的；畢竟硬擠出來的答案肯定不怎麼樣，懂得適時放棄也很重要。

YOU KNOW WHAT ANNOYS ME ABOUT YOU?

THE WAY YOU LIVE WITHOUT RESPONSIBILITY

THAT REALLY ANNOYS ME!

WE ALL HAVE OUR OWN HANG-UPS!

不受周遭影響，保持平常心

禪 語

「動中靜」

每天要是不做點這個、不弄點那個，就覺得心裡不踏實；一回神，發現自己把日子過得庸庸碌碌，一遇到事情，心就慌亂，這時更要提醒自己「動中取靜」：不受周遭的價值觀所惑，一定要冷靜，保持平常心。靜寂中得到的靜，不是真的靜；喧鬧中得到的靜，才能體現靜的真正境地。要是有像史努比一樣強韌的意志，也許就能做到不管周遭再怎麼紛擾，也不會受到影響；無奈人心難免會有浮躁的時候，這時試著深呼吸、放鬆。坐禪就是訓練自己不受周遭影響的方法，而呼吸是坐禪時最重要的一門課題。總之，心情浮躁時，先做個深呼吸吧。

進洞！

PLUNK!

好棒的一桿啊！
怎麼辦到的啊？

THAT WAS A GREAT PUTT! HOW DID YOU
EVER DO IT?

意志夠強韌囉！

NERVES OF GRAPHITE!

意志夠強韌囉！

不急於找答案，不做無謂爭論

禪語

————

「南泉斬貓」

————

禪宗有所謂的公案，也就是讓參禪者悟道、鑑別是非的課題。「南泉斬貓」則是知名的公案之一。唐代的南泉禪師看見僧眾們為了一隻貓在爭吵，便斥喝道：「你們在吵什麼呀？你們要是說得好，就能救這隻貓，要是說得不好，就只能斬了這隻貓。」結果沒人能說出開悟得道的好話，南泉禪師便斬了貓。當晚，歸來的大弟子趙州禪師聽聞此事，隨即脫掉腳上的草鞋，頂在頭上步出房間。南泉禪師感慨地說：「你在場的話，或許可以救那隻貓一命。」正因為是「公案」，所以很難理解其真正含意。其實南泉禪師要斬的是僧眾們無意義的爭論，史努比的漫畫裡也有類似「公案」的小故事。

1972.07.08

謝謝…
我會試著照你
說的去做。

7-8

THANK YOU...I'LL TRY TO DO WHAT YOU
SUGGESTED

查理‧布朗給了我一些建議。

CHARLIE BROWN JUST GAVE ME SOME
ADVICE...

你聽得懂他
的建議嗎？

當然
聽得懂啊！

DID YOU UNDERSTAND IT?
OF COURSE, I UNDERSTOOD IT!

別接受你聽得懂的建議，
因為那肯定沒用！

NEVER TAKE ANY ADVICE THAT YOU CAN
UNDERSTAND...IT CAN'T POSSIBLY BE
ANY GOOD!

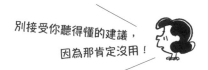

別接受你聽得懂的建議，
因為那肯定沒用！

一步一腳印、踏實前行

禪語

————

「且緩緩」

————

一遇到問題，就想趕快解決；一有煩惱，就想趕快消解。生活在現代的我們總是追求「立即」有結果，什麼事都想急著處理。「且緩緩」的「且」是暫且、姑且的意思；「緩緩」則是徐緩、從容的意思。面對急著想開悟得道，不停問問題的弟子，為師的僧侶要他們「且緩緩」。當他說：「不要急，慢慢問吧。」也許會覺得自己的努力提問被否定了，其實不然。因為焦慮不等於認真對待事物，慌張和努力也是兩回事。只要按照自己的步調往前走，就不會擔心疏漏什麼。倘若覺得自己很焦慮，不妨仿效史努比暫時小憩的模樣，想想「且緩緩」這句禪語的真意。

TODAY IS THE FIRST DAY OF FEBRUARY
FEBRUARY?!

WHAT HAPPENED TO JULY? WHERE IS
THE TIME GOING? I CAN'T KEEP UP!

ALL THE THINGS I STILL HAVE TO DO..
THE PLACES I WANT TO GO...THINGS I
WANT TO SEE...

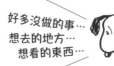

有些事無法只依賴文字傳達

禪語

————

「不立文字」

————

「不立文字」的意思是，真正想傳達的事情絕對無法用
文字表達，想要教導的事無法靠言語傳授，這是一句表
現禪法基本真意的禪語。根本的概念就是，領悟不是靠
著文字或言語便能傳達，而是以心傳心，透過體驗來感
受，這才是「真髓」。教導的一方不單只是教導，也要
留意受教一方能否藉由體驗，有所領悟，這才是「真正
的教導」。此外，一個好的教導方式是「留白」，也就
是讓受教方能夠自由想像。史努比看到正在專心看書，
希望有所啟發的露西，親了一下她的臉頰，說了句：
「書本不是全部哦！」漫畫表現出露西因為這般親密體
驗而有所感悟時的表情。

SMAK!

BOOKS AREN'T EVERYTHING!

書本不是全部哦！

沉默亦是重要的溝通方式

馬比較好訓練…
騾子比驢子好訓練…
訓練驢子需要耐心…
騾子是驢子和馬
交配出來的…

8-23

HORSES ARE RELATIVELY EASY TO TRAIN..MULES ARE EASIER TO
TRAIN THAN DONKEYS..IT TAKES PATIENCE TO TRAIN A DONKEY...
A MULE IS ONE-HALF DONKEY AND ONE-HALF HORSE..

禪　語

「默」

不必一直講話
也沒關係哦！

1993.08.23

不必一直講話
也沒關係哦!
瑪西…

DON'T ALWAYS FEEL IT'S NECESSARY TO
MAKE CONVERSATION MARCIE..

瑪西無法忍受沉默,總是東扯西扯些無意義的話,於是佩蒂告
訴她:「不必一直講話也沒關係哦!」正因為靠著樹,靜靜消
磨時光是很奢侈的事,所以更要盡情享受。禪語也有闡明說
話、對話時「留白」的重要。畢竟不管是誰都有一時之間不知
該如何表達的時候,透過「留白」可以讓對方的想法與感受進
入彼此的交談中。單方面說個不停,絕對不可能充分傳達自己
的意思。說與傳達是兩回事,藉由「默」就能打造一處什麼都
沒有的空間。自己的留白能讓對方感受到什麼?自己又能從對
方的留白中汲取到什麼?就算不善表達也能感受到誠意,所以
不擅言詞沒有關係,禪語「默」說的就是這個道理。

需要徹底解放的休息時間

禪　語

————

「 休 息 萬 事 」

————

這是個一切講求效率與成果的社會，以「產值」為標準來看待所有人事物。問題是，每天 24 小時，一年 365 天都處在這樣的高壓下，勢必身心俱疲。無論是面對家人、學校、工作，還是自己身處的環境，與人交流很重要；但若是捲入複雜的人際關係，只會讓自己的心更疲累。「休息萬事」就是道元禪師要我們讓老是東想西想、煩惱不已的心好好休息。現代人的壓力大，就算告訴自己別加班了，趕快回家，卻往往事與願違……這樣過日子，任誰都會身心俱疲。「充分休息是為了迎接美好的明天。」躺在狗屋上的史努比這麼說。偶爾也效法一下這隻大鼻子小狗吧。但不能只有身體休息，找個讓自己安心自在的地方，遠離煩憂，才能真正休息。

SLEEPING AGAIN

I DON'T SEE WHY YOU NEED SO MUCH REST

I NEED PLENTY OF REST IN CASE TOMORROW IS A GREAT DAY..

IT PROBABLY WON'T BE, BUT IF IT IS, I'LL BE READY!

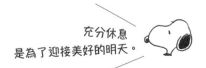

充分休息
是為了迎接美好的明天。

親身體驗過才能明白

禪 語

———

「 冷 暖 自 知 」

———

杯子裡的水,光用看的無法得知是「冷」還是「熱」。必須親自喝一口,或是伸手試水溫,才知道到底多熱多冷。「冷暖自知」這句禪語告訴我們,領悟這種事不是教了就能學會,而是要靠自己感受。身處資訊氾濫的現今社會,只要一支手機就能獲取許多知識。然而,這個行為只是蒐集情報,能否領悟又是另一回事。藉由身體力行不斷累積經驗,才能做出對自己來說最正確的判斷,也才知道如何付諸行動。就像期待出門玩樂的史努比開心地訂好餐廳、給自己買了一個新領結,做好各種準備,沒想到牠請糊塗塌客幫忙訂的帽子卻⋯⋯太小了,所以實際體驗是很重要的事。

IF YOU WANT SOMETHING DONE RIGHT, YOU SHOULD DO IT YOURSELF!

I'VE BEEN LOOKING FORWARD TO GOING OUT TONIGHT...

I MADE THE DINNER RESERVATIONS MYSELF, AND I EVEN BOUGHT A NEW BOW TIE...

BUT I NEVER SHOULD HAVE LET WOODSTOCK ORDER THE HATS!

如果想把某件事做好，就該自己做！

「學習」沒有終止的一刻

AFTER I GRADUATE FROM SCHOOL,
WILL I BE A BETTER PERSON?

PROBABLY..A GOOD
EDUCATION IS
VERY IMPORTANT

禪語

「白珪尚可磨」

學習能讓你
成為更好的人…

是啊…學習能讓你成為更好的人…

如果你沒養狗的話囉…

THAT'S RIGHT..LEARNING ALWAYS MAKES YOU A BETTER PERSON..

UNLESS YOU DON'T HAVE A DOG..

「白珪」是指潔白無瑕的玉石。而這句禪語的意思是即便是完美的玉，也必須持續琢磨。換言之，有再好的領悟也不要因此自滿，而是要持續精進。進入學校會有畢業的一天，但學習這件事沒有終止的時候。為了琢磨自我人格，迎向豐富人生，我們必須終其一生，把握每個機會持續學習。即使覺得「已經沒什麼好琢磨了」，也要繼續；努力與學習的態度比什麼都重要。要是覺得這樣就行了，也就止步不前了。奈勒斯這句「學習能讓你成為更好的人」就是「白珪尚可磨」的意思。漫長人生，不必一直以同樣的速度前進，有時放緩腳步，有時休憩一下，都無妨。照著自己的步伐速度，一步步前進就行了。

只要有心，到哪都能學習

禪語

————

「步步是道場」

————

不放棄寫小說的史努比，用打字機一字一句敲出自己的
人生寫照。禪語「步步是道場」如同字面意思，只要有
心學習，任何地方都是學習的場所。或許大家聽到「修
行」這詞，就會聯想到要去某個地方鍛鍊心智。其實禪
修不單是在道場上，生活中的一切都是道場，一言一行
皆是修行。許多人將放棄夢想一事歸咎於環境與場所，
給自己找藉口。史努比從來沒放棄成為小說家的夢想，
牠在狗屋上敲著打字機的模樣，讓人聯想到「步步是道
場」這句禪語。每件事都是一種修行，心無旁騖地投身
其中，無論身處任何狀況都能琢磨自我、接近夢想。

「現在的我是隻老狗。」
牠說。「不再是小狗了。」

"I'm an old dog now,"
he said. "I'm not a
puppy anymore."

「但我的人生還沒結束。
還有好多該去的地方、
該做的事、該學習的事！」

"But my life isn't over.
There are places to
go, things to do, and
lots still to learn!"

於是，牠進入老犬訓練
學校就讀。

So he enrolled in
Senior Obedience
School.

還有好多該去的地方、
該做的事、該學習的事！

善行造就豐盛的人生

SO WHAT I'M GOING TO DO IS TRY TO BE A BETTER PERSON..

THAY SAY IF YOU BECOME A BETTER PERSON, YOU'LL HAVE A BETTER LIFE..

禪 語

「善因善果」

人家說成為更好的人，就能過著更好的人生…

就能過著
更好的人生…

如果努力成為
更好的狗，
有時會額外得到
一塊餅乾…

8-17

SCHULZ

1998.08.17

IF YOU TRY TO BE A BETTER DOG,
SOMETIMES YOU GET AN EXTRA COOKIE..

世上每件事物都有原因，也有結果。成為原因的「因」與來自
外在、間接的「緣」結合，就成了「因緣」，然後因此產生結
果。我們之所以活在世上就是因為長年無數因緣結成的果，亦
即我們之所以活著是託了別人的福，而我們也幫助別人，讓別
人活著，這就是因緣。我們身邊總是流動著許多緣，重要的
是，是否能明白這道理，又是抱持什麼心態看待這道理。明瞭
善緣，力行善行，自然而然就能知道結果為何。緣就像風一
樣，平等地吹拂每個人，但能否有所發現端看自己。只要抱持
廣結善緣的心，善行不輟，就能邁向幸福人生。

以自己為依處而活

禪　語

————

「自燈明，法燈明」

————

釋迦牟尼佛入滅之際，弟子阿難尊者泣問：「世尊入涅槃後，我們要以誰為師？」釋迦牟尼佛垂訓：「以自己為燈明，以法為燈明。」也就是「自燈明，法燈明」。亦即以「自己」為主體，不受別人的言語左右，相信自己一路累積的經驗，確立跨越時代也不會改變的正確信念，如此一來，心才能安定。姊姊露西要沒有安心毯就會不安的奈勒斯不要這麼依賴毯子，鼓勵他總有一天要自己面對人生。這不是和「自燈明」的意思相通嗎？一旦依賴什麼，哪一天被迫失去時，內心就會惶惶不安，無所適從。以自己為燈，相信自己而活，哪怕一時失去自信，只要相信一路累積的經驗，有所依處地繼續前進就行了。

1970.01.13

SOMEDAY YOU'RE GOING TO HAVE TO
GIVE UP THAT BLANKET

SOMEDAY YOU'RE GOING TO HAVE TO
STAND ON YOUR OWN TWO FEET..

SOMEDAY YOU'RE GOING TO HAVE TO
GROW UP AND FACE LIFE WITHOUT ANY
HELP FROM ANYONE..

SOMEDAY

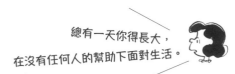

總有一天你得長大，
在沒有任何人的幫助下面對生活。

苦難更顯人生深度

禪　語

————

「鳥鳴山更幽」

————

「鳥鳴山更幽」是用來形容深山中鳥兒啼叫飛走後，四周更顯靜寂的情景。靜靜消逝的鳥叫聲，更加突顯深山的靜寂。我們的人生也是如此，原本平凡無事的日常生活因為發生「什麼事」而變得不太一樣，也就覺得以往的日子是多麼平靜無波，體會到人生的苦難。每天過得平順當然很好，但人為了成長，有時必須經歷困難與悲傷。就像查理・布朗有時會因為輸球而嚐到人生的苦果，他必須接受試煉，克服困難，眼界才能更開闊，才會成長。當然，也因為歷經苦難，才會更珍惜平順的日常。無論是討厭的事，還是痛苦的事都要學習接受，勇敢向前。

ALL I WANTED TO DO WAS BE A HERO...

BUT DO I EVER GET TO BE A HERO? NO! ALL I EVER GET TO BE IS THE STUPID **GOAT**!

DON'T BE DISCOURAGED, CHARLIE BROWN...IN THIS LIFE WE LIVE, THERE ARE ALWAYS SOME BITTER PILLS TO BE SWALLOWED..

IF IT'S ALL THE SAME WITH YOU, I'D RATHER NOT RENEW MY PRESCRIPTION!

人生有時
就是得嚐苦藥啊！

你就是人生的主角

禪　語

「隨處作主，立處皆真」

「隨處作主」的意思是，無論何時何地都不要忘了自己是人生的主角；「立處皆真」就是一切都是真實的意思。隨時提醒自己才是人生的主角，盡自己最大的努力，這麼一來，無論遇到任何狀況都能處變不驚。哪怕是遭遇艱難、痛苦的時候，只要以自身為出發點來考量，就會明白每個試煉都有其意義。就像查理・布朗帶領的球隊總是輸球，但無論失敗多少次，他還是不放棄棒球，依舊熱愛棒球到可以大聲說：「這就是我的人生！」若能像查理・布朗一樣奮戰不懈，無論何時，遇到任何狀況，只以自己為主角來考量、努力面對的話，就能感受到活著的意義，也就能充實地度過每一天，不是嗎？

新球季開始了！
這裡是我的舞臺！
這就是我的人生！

A NEW SEASON! THIS IS
WHERE I BELONG! THIS IS MY
LIFE!

站在這裡，
我就像是一艘船
的船長！

I STAND HERE LIKE THE
CAPTAIN OF A SHIP!

不能讓這艘
船沉下去，
可是…

NOTHING CAN
SINK THIS VESSEL
EXCEPT...

是！教練！
我準備好了！

HI, MANAGER! I'M READY TO
GO!

…冰山啊！

..AN ICEBERG!

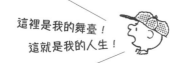

這裡是我的舞臺！
這就是我的人生！

機會平等地造訪每個人

禪　語

「誰家無明月清風」

月光會灑落在每戶人家，風也會吹拂每戶人家。無論是明月還是清風都會平等地灑落、吹拂每戶人家，這就是所謂的「誰家無明月清風」。不分貧富，任誰都能享受皎潔的月色、清爽的風；同樣的，機會也會公平造訪每個人。雨會下在山丘、山谷、街上和草原，也會下在好人和壞人身上，當然也會下在走在雨中的花生夥伴們身上，還有躺在狗屋屋頂的史努比臉上，所以雨也是平等地落在萬事萬物上。機會會公平來到每個人面前，但能否牢牢捉住機會卻會影響結果，所以平時就要努力才行。那個人明明很差勁，運氣卻很好──要是只會一味批評別人、嫉妒別人，自己就什麼也做不了。羨慕別人之前，先想想自己能試著做些什麼吧。

THE RAIN FALLS ON THE HILLS AND IN
THE VALLEYS...

IT RAINS ON THE CITIES AND ON THE
FIELDS

IT RAINS ON THE JUST AND THE UNJUST

AND IN NY FACE!

雨也會下在
好人和壞人身上。

減少欲望，就會感到富足

禪 語

「 知 足 （ 小 欲 知 足 ） 」

如同字面意思，「知足（小欲知足）」的意思就是欲望不大，才懂得知足。即便貧困，只要懂得知足，就會過得心安閒適；相反的，要是不懂得知足，哪怕生活富足，心也會覺得貧乏。欲望就是想要得到東西的心情，你是否有那種好不容易買到卻不曾使用的東西？這種東西肯定不是必需品，只是基於「欲望」買下。就算得到了也無法滿足，馬上又有其他想要的東西，執著心也愈來愈膨脹。總之，不要迷失自我，試著想像「原本的自己」是什麼感覺，然後稍加調和欲望，盡量做到適度即可，告訴自己「現在擁有的就很足夠了」，這樣肯定能得到幸福感。就像擁抱史努比的露西，感受到溫暖幸福，心靈多富足。

PAT PAT PAT

MMMMM!

HAPPINESS IS A WARM PUPPY..

擁有可分享的朋友就是幸福

禪語

————

「一個半個」

————

我們常看到「在社群平台分享情報！」這行字，而禪語「一個半個」的訓示恰恰與其相反。這句禪語是曹洞宗的宗師道元禪師秉承天童如淨禪師的教誨，意思是重點不在於數字多寡，而是能否遇上少數的難得之人；亦即不必傳達給許多人，哪怕只有一個人，只要正確傳達就行了。社群媒體發達的現代社會，人們的心情總因「讚」的多寡而起伏不定，只要回到「一個半個」的初心，就能明白不需要勉強拓展人際關係的道理。比起交遊廣闊，擁有一、兩個可以分享的好友就很足夠。比起廣發言不由衷的內容，好好傳達出自己的真心，才是最重要的。漫畫中，奈勒斯把他最重要的安心毯分一半給查理‧布朗的一幕，就是這句禪語的寫照。

WHAT'S THAT DOTTED LINE ON YOUR BLANKET FOR, LINUS?

RIP!

HAPPINESS SHOULD BE SHARED!

幸福就是分享！

允許自己不必太努力

禪 語

「 無 限 清 風 」

「無限清風」的意思是除去一切限制，純粹感受清爽的風，心就能解放；也是告訴我們隨時敞開心扉，用心看著當下的自己以及當下所處的世界有多重要，派伯敏特·佩蒂與好友瑪西的互動就是一例。不同於運動神經一流，學習成績卻很差的佩蒂，瑪西則是功課好，卻不擅長運動，兩個人可說是完全相反的類型，彼此之間的羈絆卻很深。某天，佩蒂邀瑪西出遊，正在練習小提琴的瑪西一度拒絕，後來因為好友一句話：「練得太過，腦子反而會一團亂哦！」決定出門。其實說是出遊，也只是一起躺在樹下放空而已。事情就算進行得很順利，也可能因為某個緣故而突然亂成一團，所以打造一處能讓自己心安舒適的地方吧。只要打開心靈窗戶，就能感受到清爽的風。

不行，我不能出去，隊長。我得練習小提琴…

NO, I CAN'T COME OUT,
SIR..I HAVE TO PRACTICE
THE VIOLIN..

妳練得太過了，瑪西…腦子反而一團亂哦！

YOU TRY TO DO TOO MUCH,
MARCIE..SOMEDAY YOUR HEAD
IS GOING TO FALL OFF..

也許吧…還是出去一下好了。

MAYBE YOU'RE
RIGHT..I'LL COME
OUT FOR A WHILE...

如何？偶爾放鬆一下，也能醒醒腦呢！

SEE? IF YOU RELAX NOW AND THEN,
YOUR HEAD WON'T FALL OFF..

偶爾放鬆一下，也能醒醒腦呢！

眼前的每一幕皆美

禪　語

————

「聽雨寒更徹，開門落葉深」

————

這句禪語形容了雨下個不停的夜晚寒意更深，早上醒來，開門瞧見一地落葉的景象。原以為夜晚聽到的聲音是雨聲，其實是落葉落在屋頂上的聲音——這是一句詠歎幽寂閒居，眼前風景的禪語。雨聲、微微寒意、秋日森林的味道、門扉的冷冷觸感、映入眼簾的四散落葉，置身當下，打開五感就能感受到如常的秋日光景、鮮明景致。諸行無常，無論是什麼樣的人生都有它的美。坐在樹下，看著落葉的史努比被露西說是白癡，史努比也只是回頭看了一眼，又再次看向落葉，微笑地喃喃著：「好幸福喔！」

1963.10.07

你坐在這裡看落葉，
真的很白癡吧！

ANYONE WHO WOULD SIT AND WATCH
LEAVES FALL OFF A TREE MUST BE
PRETTY STUPID!

好幸福
喔！

I'M HAPPY

好幸福喔！

「動手做」能溫柔療癒受傷的心

禪 語

「身心」

一旦在意什麼，就會滿腦子想著那件事，不然就是因為某事而生氣、焦慮不已，最後浪費掉一整天的寶貴時光——這幾乎是所有現代人的通病。畢竟煩惱不是說消失就能輕易消失，不停地告訴自己別焦慮，反而會更焦慮，這時該怎麼辦呢？在禪的世界中，要想整頓心，必須先整頓身，坐禪就是最具代表性的方法之一。整頓身體，調整姿勢，調節呼吸後坐好。一直想著要消除焦慮，反而更焦慮。因此，要想徹底消除內心的焦慮，就要讓自己不再產生任何焦慮的情緒。為了去除煩惱，而開始動手找事情做的奈勒斯，肯定是感受到「身心」之間的關連吧。要想整頓肉眼看不到的心，不妨先從身體開始做起。

1963.09.28

WORKING WITH YOUR HANDS IS GOOD THERAPY

IT TAKES YOUR MIND OFF YOUR TROUBLES..

WHENEVER I FEEL DEPRESSED, I BUILD SAND CASTLES...

I'VE BEEN FEELING PRETTY DEPRESSED LATELY!

動手做點事
是最好的精神療法！

遍灑光輝的日月不求回報

禪 語

「日照晝，月照夜」

「太陽照耀白晝，月亮照著黑夜」是我們習以為常的日常光景，也是再理所當然不過的一句話，太陽與月亮無論何時都照耀著我們。如此不分白晝夜晚、每一天、每一刻都不休息地反覆做的事，就是讓萬物能夠生存下去的自然法則。無論是陽光，還是月色，都不求回報地灑落在每個人身上。試著思考我們為何能夠理所當然地享受這件事，就能明白這句禪語的真意。不要只是理所當然地接受，而是要理所當然地心存感謝。就像感受到背被陽光曬得暖暖的，露出幸福笑容的奈勒斯和露西，因為再自然不過的事而覺得幸福，心懷謝意，可說是體現「日照晝，月照夜」的精神。

STAND REAL STILL AND FEEL THE WARM
SUN ON YOUR BACK...

DOESN'T THAT FEEL GREAT?

AND IT'S FREE

一直站著，
就覺得背被太陽
曬得暖暖的。

手牽手，在人生路上前行

禪語

「把手共行」

「把手共行」這句禪語的意思就是手牽手，一起前行。只要開悟，任誰都能達到和釋迦牟尼佛一樣的修行等級，也就是和志同道合之人攜手前行的意思。人生在世難免會遭逢不順心的事，或是覺得孤獨、沒人瞭解自己的時候；但你的心裡一定有個支持你的人，也許是家人、朋友，也可能是去了另一個世界的人。當你感到痛苦、沮喪、不知所措時，試著傾聽內心的聲音吧。讓心裡的另一個自己和心裡支持你的人手牽手，共同面對問題，壯大心志。查理・布朗說他喜歡狗，聽到這句話的史努比肯定覺得找到夥伴了。

ALL I DID WAS SAY SOMETHING NICE
ABOUT DOGS, AND HE'S BEEN HANGING
ON ME EVER SINCE..

DID YOU MEAN WHAT YOU SAID?
SURE...I REALLY LIKE DOGS..

HE JUST GAVE MY ARM AN EXTRA
LITTLE SQUEEZE..

坦然道歉是最佳的認錯方式！

禪語

——

「身 心 一 如」

——

派伯敏特・佩蒂因為傷了查理・布朗的心，覺得十分懊悔，很想道歉。「身心一如」是指身體與心是一體的，非常簡單明瞭的一句話。也就是說，只要心決定了，就會付諸行動；只要有所行動，就表示心意已決。但是，難免也有心中所想與行動不同步的時候，好比就算覺得自己不好，也無法坦率道歉，就這樣一天拖過一天。問題是，事情沒有妥善解決，就會像滾雪球般愈滾愈大。我們也很容易像派伯敏特・佩蒂一樣，心與身體的行動不同調，要是覺得自己不對，就要馬上向對方道歉，讓彼此關係往好的方向發展。

PSST, SIR! MAY I COME IN?

"PSST, SIR"? WHAT KIND OF AN
EXPRESSION IS THAT? STOP CALLING
ME "SIR"
I'VE JUST BEEN OVER TO SEE CHUCK..
HE'S PRETTY HURT...HE'S TAKEN TO HIS
BED...

SO HAVE I ...WHEN I THINK OF HOW I
HURT HIS FEELINGS, I WANT TO DIE..I
FEEL AWFUL...I REALLY OFFENDED HIM...

IN FIRST-AID CLASS I LEARNED THAT
IF YOU HAVE OFFENDED SOMEONE, THE
BEST TREATMENT IS TO APOLOGIZE
IMMEDIATELY..

要是傷害到別人，
最好的治療就是馬上道歉。

1993.07.08

YES, I AGREE..IT TAKES
COURAGE TO SAIL IN
UNCHARTED WATERS..

「逆風揚帆」

逆風揚帆前行，需要勇氣

面對迎面襲來的風，反而揚起船帆，讓船持續前行的情景就是努力克服逆境、不斷前行、開拓道路，也就是「逆風揚帆」的意思。逆著風揚起船帆不是件容易的事，但是有此膽識與勇氣，事情就會好轉。人生難免遇有逆風時刻，怎樣都逃避不了，正因為正面迎戰困難，才能巧妙操控逆風。

無言話禪

敬意能構築真誠的人際關係

禪　語

——

「和敬清寂」

——

雖然這世上充斥著諸如溝通術、戀愛術、說話術等各種技巧，
但是只依賴技巧，並不能構築起良好的人際關係，更重要的
是，是否心懷敬意。畢竟就算口才再怎麼好，善於討人歡心，
要是沒有真心誠意地對待彼此，絕對無法建立溫暖的人際關
係。「和敬清寂」是代表茶道精神的禪語，意思是茶會的主人
與賓客彼此心懷敬意，對任何事都抱有謙敬之心，讓茶室、茶
器、茶會氣氛保持純淨狀態。就像共享同個時間、空間的史努
比與糊塗塌客尊重彼此，保持讓人放鬆的關係與氛圍。

不計較利害，結好緣就是好事

禪　語

——

「無功德」

——

「無功德」這句禪語源自達摩祖師說過的話。梁武帝問達摩祖師：「沒有人像我這樣對於佛教貢獻良多吧。我究竟有多少功德呢？」達摩祖師回道：「無功德（沒有功德之類的東西）。」信仰在於心，無法測量有多大多重，只要結好緣就是好事。要是講求回報，就會湧起怎麼明明很努力卻不被認同的情感，也就會覺得失落沮喪。給別人東西和話語，給了就好了，不必誇耀，若得到回報就心存感謝。奈勒斯看到快要傾倒的雪人，默默為它添了支手杖，不求回報，就是最好的範例。

境隨心轉

禪 語

——

「 壺 中 日 月 長 」

——

1995.11.23

11-23

SCHULZ

這句禪語的意思是端視當下心情，即使身處猶如壺裡的小小世界也能安穩悠閒地度過時光。試著把這想法落實在日常生活吧！只要想到辛苦的工作或功課總有完成的時候，就能積極做好眼前該做的事。就算在學校或職場上遇到不合拍的人，只要想著別人是別人，我是我，就能專注做好自己該做的事。無論是辛苦的事還是快樂的事，都是磨練心性的方法，就能讓人生過得更多采多姿。就像望著樹上最後一片葉子的史努比和糊塗塌客，即便看的是同一片葉子，各自看到的景色卻不一樣。

與人相逢即是緣的開始

禪 語

——

「我逢人」

——

1989 07.01

「我逢人」這句禪語表達了人與人相逢一事的可貴,雖然只有
三個字,卻能感受到無窮深意。即便是偶遇,相逢一事也能催
生出什麼。道元禪師在中國如願見到天童如淨禪師時,說了這
句話:「看著眼前的大師,體悟到這就是與人相逢的可貴。」
畢竟有時候光靠自己無法看透事情,也無法獨立完成事情,藉
由與別人交流,從而領悟、催生出什麼。史努比與糊塗塌客的
相逢成了一切的開始,彼此影響,互相信賴、成長,成了彼此
無可替代的存在。相逢是促使自我成長的催化劑,所以我們要
珍惜每一次的與人相逢。

讓心自由，讓感動純粹

禪　語

「也太奇」

「也太奇」這句禪語是看到什麼或是發生什麼事時,不禁驚嘆
的意思。隨著年歲漸增、經驗累積,我們難免會有見怪不怪,
不管去到哪裡都覺得沒什麼新鮮感的心情;但是只要擁有柔軟
的心,就能像史努比和查理‧布朗一樣,即使眼前只是個落葉
堆,也能快樂地跳躍玩耍,享受純粹的感動。要是懶得心動,
人生就會貧乏許多。有些人因為生病或意外的關係,身體無法
自由行動,但心還是可以自由活動。這句禪語就是教導我們不
要怕麻煩,坦率享受心動的感覺。

有好有壞，人生才有趣

禪　語

――――

「遭遇災難時隨遇而安」

――――

頭上插著一朵花的史努比沒想到自己會渾身濕透，但小女孩也只是如常地澆花而已。沒有人想要災難落到自己頭上，無奈我們還是會面臨地震、颱風等天災，還有怎麼努力也躲避不了的病魔……這些都是無法預料的情況。既然如此，那就當作經驗，平心靜氣地接受吧！俳人山田杜皋的孩子在 1828 年的新潟三条大地震，去了另一個世界，當時禪僧良寬贈送這句禪語，以撫慰他的心。看到漫畫中無端端被澆了水的史努比，彷彿在史努比遇到的處境中看到良寬禪師的話語。

1828 年 12 月 18 日日本新潟縣三条市附近發生的地震，震度約 6.9 級，造成近四千人的傷亡。

失敗帶來學習的機會

禪 語

「 割 鏡 不 照 」

這句禪語的意思是不照已經破掉的鏡子。畢竟破掉的鏡子無法回復原樣，亦即訓示我們應該專注在眼前該做的事。人際關係也是如此，誰都有過說了、做了才後悔的經驗，再怎麼懊惱，也無法讓已經發生的事消失。既然失敗了，那就好好檢討原因，徹底反省，心情也會跟著轉換，況且失敗往往能帶來學習的機會。就像小雷誤把冰淇淋當作籃球，投向籃框，既然無法改變過去，那就學習如何改變未來。

習慣是一點一滴累積而成

禪 語

———

「薰習」

———

香氣是種不可思議的東西，明明肉眼看不到，卻能感覺得到。就像衣櫃裡放著衣物芳香劑，過段時間換上衣服時，衣服就會沾有香氣。人也一樣，要是一直和某個人待在一起，多少會被對方影響，這就是「薰習」的意思。史努比和謝勒德在一起久了，自然而然就會彈琴。「學習」一詞的語源來自「模仿」，模仿一天就是模仿一天，模仿兩天就是模仿兩天，模仿三年的話，便能習得技巧，練就一輩子的真本事。人會在不知不覺間受到旁人的影響，所以身邊若能有值得尊敬的人就太好了。如同史努比逐漸對鋼琴產生興趣一般，別人的經驗也會慢慢沁透自己的內心。

任憑八方風起，我仍不動如山

禪 語

「八風吹不動」

我們的生活周遭吹著各式各樣的風。這裡說的八風是指，順利（利）、違心（衰）、說人壞話（毀）、褒揚（譽）、讚美（讚）、發現別人的缺點，大肆批評（譏）、身心苦惱（苦）、身心喜樂（樂）等八種，人生就是活在這樣的環境裡。我們會為發生在自己身上的事或喜或憂，也會因此動搖。倘若一直都處於這般狀況，勢必身心俱疲。無論是誰都得承受各式各樣的風，也會有無法逃避的時候，所以每當風吹來時，別被它耍得團團轉，要去享受。當然啦，我們不可能一直吹著同樣的風，有時會吹寒風、暖風、狂風……只要懂得如何面對、享受，就能像史努比一樣，人生變得更豐富多采。

內心是陰是晴，自己決定

禪語

——

「雨收山岳青」

——

這句話的直譯，就是「雨一停，就能看到青翠山巒」，非常簡單明瞭；但其實換個角度解釋，更能顯出這句禪語的深奧。我們每天汲汲營營地過日子，難免有看不到前方的時候，或是遭逢連腳下路都看不清楚的滂沱大雨，身心都被淋濕冷透的時候；然而當雨一停，就能清楚瞧見事實。無論是晴天還是陰天，連綿山巒依舊在那裡，不同的只是氣候，看到的模樣也不一樣。可以說，天空就像人的心情，總有雨停的時候。史努比與糊塗塌客這段沒有對話的漫畫，正是在告訴我們這個道理。

GIVING!
THE ONLY
REAL JOY
IS **GIVING!**

「自未得度，先度他人」

真正的喜悅來自「給予」！

自己的事擱著，先考量別人的事；自己悟道得救之前，
先想著如何拯救別人，這是一句訓示我們如何奉行禪精
神的話。凡事只想到自己，只要自己好就好，這樣的你
真的覺得滿足嗎？真正的喜悅不是為了自己做些什麼，
而是為別人做些什麼，看到別人歡喜的模樣，自己也覺
得幸福的瞬間就是真正的喜悅。比起自己開心，更想讓
自己珍惜的人開心，倘若凡事都以自我本位為出發點，
這樣的人生絕對不會有幸福的種子。

擁有禪心的
《PEANUTS》角色群

你什麼時候會長鬍子呢？

圓頭小子。

當我們都到了只能玩槌球的年紀，

你依然熱愛棒球。

那雙手插進外套的口袋，

一邊走，一邊喟嘆又輸球，

卻始終不放棄的模樣，

不但讓超人甘拜下風，

也讓哈姆雷特自慚形穢。

いつきみはひげが生えるの

丸い頭の子

ぼくらがみんな

ゲート・ボールしかしなくなっても

きみは相変わらず野球に夢中

ジャンパーのポケットに手をつっこんで

不死なる敗北を嘆きつつ歩むきみの姿に

スーパーマンは顔を赤らめ

ハムレットは顔をそむける

詩／谷川俊太郎

抱持信念與覺悟，愈挫愈勇

禪 語

————

「不退轉」

————

查理‧布朗身為每次比賽都吃敗仗，世上最弱咖棒球隊的投手兼經理，即使毫無勝算也絕不輕言放棄。無論遭遇何種挫折，都會堅持信念的他就是「不退轉」。「不退轉」這句禪語的意思是，一旦醒悟就不再回到迷惘的世界，必須擁有堅定的信念。人生在世，誰都有遭逢不幸、痛苦的時候，即使深感絕望也要活下去，繼續往前走。畢竟再怎麼煩惱、痛苦都無法改變現況，只能改變自己的心。查理‧布朗雖說是人見人愛的失敗者，但其實是個有著堅定信念，抱持覺悟全力以赴，令人著迷的不妥協英雄。

Charlie Brown
查理・布朗

1983.08.22

夥伴們，
這場比賽
一定會贏！

C'MON, TEAM, WE CAN WIN THIS GAME!

只要我們團結一心
就行了…
只要團結就會贏！

WE JUST HAVE TO PLAY TOGETHER...
WE CAN DO IT IF WE ALL JUST PLAY
TOGETHER!

一定沒問題的，夥伴們！
我知道我們一定做得到！

WE CAN DO IT, TEAM! I KNOW WE CAN
DO IT!

我們肯定又會輸。

WE MUST BE LOSING AGAIN

明明會打字的你，

卻不用叉子或湯匙吃著狗食，

我就是喜歡這樣的你。

即使成了「世界知名的存在」，

卻絲毫不在意的你，

還是夢想成為「世界知名」的外科醫師、

擊落最多架敵機的王牌飛行員、

高爾夫球選手，我就是喜歡這樣的你。

タイプライターが打てるくせに

きみはドッグ・フードを食べるとき

フォークもスプーンも使おうとしない

そんなきみがぼくは好きさ

「世界的に有名な」

自分にちっとも気づかず

いまだにきみは

「世界的に有名な」外科医を

撃墜王を　ゴルフ選手を夢見つづける

そんなきみがぼくは好きさ

詩／谷川俊太郎

Snoopy
史努比

順勢而為，展現自然魅力

禪　語

——

「行雲流水」

——

史努比是個充滿想像力，具有超凡自信的變裝高手，卻總是記不住主人查理‧布朗的名字。因為有幽閉恐懼症，所以都躺在狗屋屋頂上。當牠成為王牌飛行員時，又是個特立獨行的超酷飛行員。史努比就是有著如此與眾不同的一面，但無論何時何地都是最自然的自己，這般姿態可用「行雲流水」來形容。「行雲流水」的意思就是像流動的雲和水一樣，不執著於任何事物，也不違逆心意，以最自然的狀態做任何事。每個人都有焦慮不安的時候，或許就是因為太過執著於工作與人際關係的成敗。若能像雲和水一樣順勢而為，像史努比一樣做最自然的自己，就能更喜歡自己。

1967.02.01

PEANUTS

朝向彼方！
朝向彼方！

7-6

OVER THERE! OVER THERE!

把煩惱塞進包包…

PACK UP YOUR TROUBLES IN YOUR OLD
KIT BAG...

遙遠的迪佩拉里…

IT'S A LONG WAY TO TIPPERARY....

身為第一次世界大戰
王牌飛行員的我們都很感性。

WE WORLD WAR I FLYING ACES ARE
VERY SENTIMENTAL...

不會因為飛得不好而覺得丟臉，
你接受原原本本的自己。

明明說的不是人類的語言，
我卻知道你在說什麼，
還真是理所當然到不可思議。

即使身形嬌小，
但就連一根羽毛，
都是不折不扣的你。

飛ぶのが下手なことを
自慢しないかわり恥じもしない
きみはあるがままの自分を受けいれる
人間の言葉はひとことも喋らないのに
ぼくにはきみがよく分かる
それは不思議なようで当たり前なこと
小さいくせに１本の羽毛の先まで
きみはきみ自身なのだから

詩／谷川俊太郎

用自然的方式，作自己就對了

禪語

————

「隨遇而安」

————

小黃鳥糊塗塌客是最瞭解史努比的親密好友，總是待在史努比的狗屋旁邊。兩人之所以這麼要好，是因為彼此都是作自己，以最自然的模樣生活著。你是否也有必須忍耐，告訴自己一定要撐過去、強顏歡笑的時候呢？生活中總會遇到各式各樣的人，產生摩擦與誤解，難免會有心力交瘁的時候。其實只要拋開我執，心情就會變得輕鬆，人際關係也就跟著順利多了。「隨遇而安」就是教導我們無論什麼時候都要作自己，用最自然的模樣面對人事物。想要與人建立起像史努比與糊塗塌客般的友好關係，想要活得更忠於自己，做到這一點就對了。

1979.10.27

誰都能在妳身上看到自己，
偶爾使壞，證明妳對人間有「情」，
雖然我不敢說這是「愛」。

明知道妳是假裝接不到球，
但我還是不會責怪妳。
因為要是都只有好孩子，
人生就太無趣了。

誰もが自分のうちにきみを見る
意地悪は人間への情熱のあかし
愛のあかしとは言わぬまでも
わざとフライを
とらないのだと知っていても
ぼくはきみを責めはすまい
いい子ばかりの
人生なんて味気ないだけだから
詩／谷川俊太郎

人無完人，不忘謙虛

禪 語

————

「 增 上 慢 」

————

「增上慢」這句禪語的意思就是明明不懂卻裝懂。出了名的壞脾氣、個性有點蠻橫的露西，唯一的弱點就是她的單戀對象謝勒德。覺得地球不是繞著太陽轉，甚至敢說出：「我覺得是繞著我轉吧！」的露西充當心理分析師，收取諮商對象五分錢，或許她的某些行為就是「增上慢」吧！明明搞不清楚狀況，卻自以為很了解，自然很難接受別人的意見與建議；於是不知不覺成了器量狹小的人，連帶也會影響人際關係，可說是人生的一大缺憾。所以不忘初心、不忘謙虛一事很重要。露西這角色正是讓許多人反省自己是不是「增上慢」，成了自視甚高的傢伙。

1986.09.27

IT SAYS HERE THAT THE WORLD
REVOLVES AROUND THE SUN ONCE A
YEAR..

THE WORLD REVOLVES AROUND THE
SUN?

ARE YOU SURE?

I THOUGHT IT REVOLVED AROUND ME!

Sally
莎莉

妳是討厭上學的孩子們的守護神。
一臉無辜的妳暴露了自己的心思，
隱藏在所有知識中的無稽之談。

就算發生核戰，妳也能活下來吧。
因為妳有著最強烈的自我。

学校嫌いの子どもたちの守護神
あどけない顔つきできみはあばく
あらゆる知識にひそむ無意味を
きみは核戦争だって生き延びるだろう
そのたくましいエゴイズムで

詩／谷川俊太郎

不用強迫他人認同你

禪 語

「山是山，水是水」

「為什麼非得上學呢？」「為什麼奈勒斯不喜歡我？」查理‧布朗的妹妹莎莉覺得有很多不可思議的事，總是在尋求答案。這樣的莎莉遇到不明白的事情時，最後得到的答案往往是「Who cares?」（那又怎樣？）「山是山，水是水」這句禪語的意思就是山和水都有其存在價值，就算別人做著自己看不慣的事，那也是對方的個性使然。不要因為別人的看法和你不一樣，就無意義地批評，也不要強迫別人接受你的價值觀。別人是別人，你是你，有所區隔才能保持良好的人際關係。就像莎莉總是貫徹自己的信念，乍看會覺得她的本位主義很重，但其實她是覺得珍視自己的想法，這才是身而為人應有的姿態。

1996.08.03

現在有三種人生哲學，
「人生還是繼續下去」、
「反正怎麼樣都無所謂吧」、
「我哪知道啊」…

I NOW HAVE THREE
PHILOSOPHIES..."LIFE
GOES ON", "WHO
CARES?" AND "HOW
SHOULD I KNOW?"

8-3

很深奧吧？

可能有點
太深奧了…

PRETTY
PROFOUND, HUH?

MAYBE A LITTLE
TOO PROFOUND..

反正怎麼樣都無所謂吧。
我哪知道啊！人生還是繼續
下去囉！

WHO CARES? HOW
SHOULD I KNOW?
LIFE GOES ON!

169

你是個性比較保守的男孩，

你不會想要一架電子琴，

你喜歡活在自己的世界。

你今天也用一台沒有踏板的玩具鋼琴，

一邊應付露西的積極示好，

一邊彈奏著貝多芬的曲子。

我覺得這樣的人生真不錯。

きみが保守的な男だってことは分ってる
きみはシンセサイザーを欲しがらない
きみはケージに興味がない
ペダルもない玩具のピアノで
きみは今日もベートーベンを弾いている
ルーシーに邪魔されながら
それはとてもいい人生だとぼくは思う

詩／谷川俊太郎

全心投入就是最大的快樂！

1990.02.26

2-26

禪 語

「 遊 戲 三 昧 」

身為查理‧布朗的好友，被抓去擔任棒球隊捕手的謝勒德，是
個沉浸在鋼琴世界的天才音樂少年。他總是彈奏著玩具鋼琴，
以崇拜的貝多芬為伴。有人很討厭練琴，但對他來說，彈琴卻
是最大的樂趣。不要把辛苦的學習視為「學習」，也不要把工
作視為「工作」，而是抱著「玩樂」的心態來看待。當然，這
裡說的「玩樂」不是字面上膚淺的意思，而是指不計較損益，
專心投入一件事，便能樂在其中。只要忘情地做一件事，感受
到樂趣，自然就會有好結果。不拘泥於任何形式，自由放手去
做，就是「遊戲三昧」。

毛毯是永遠，

我們都有過這般感覺。

毛毯就像是存摺。

毛毯就像媽媽的味道。

南瓜大王也是永遠，

我們都有過這般感覺。

夢在夜裡讓人流下真心的眼淚，

夢在白天帶來奇蹟。

毛布は永遠だ

ぼくらはみんな身に覚えがある

毛布の代わりの貯金通帳

毛布の代わりのおふくろの味

カボチャ大王だって永遠だ

ぼくらはみんな身に覚えがある

真夜中に夢が本物の涙を流させること

真っ昼間に夢が奇跡をもたらすこと

詩／谷川俊太郎

Linus
奈勒斯

相信心裡有著會發光的東西

禪 語

————

「明珠在掌」

————

露西的弟弟奈勒斯是個隨身抱著安心毯的哲學少年，聰明、博愛的他對周遭人都很溫柔。即使偶爾會被蠻橫的露西戳中痛處，聰明的奈勒斯總會理性、溫柔地包容。遇到不順心、沮喪的事時，奈勒斯也會比誰都痛苦。禪語「明珠在掌」的意思是手心有顆明珠（寶石），也就是說，我們生來就有顆清澄的心，每個人都是無可取代的存在。奈勒斯之所以溫柔對待每個人，或許是因為他明白這道理吧。大家要像奈勒斯一樣，明白每個人心裡都有個發光的寶物。當然，你的心裡也有寶物，而且只有你能讓這寶物發光。

1988.04.12

小心點喔小狗…
如果弄壞我的毛毯，
會讓你後悔一輩子哦！

CAREFUL, DOG..
IF YOU GRAB THIS
BLANKET, I'LL SEE
TO IT THAT YOU
REGRET IT FOR THE
REST OF YOUR LIFE..

再加上 1000 年哦！

AND A THOUSAND
YEARS AFTER THAT!

真是千鈞
一髮啊…

THAT WAS CLOSE..

在妳打瞌睡的時候，

這世界只有一點點改變，

所以，放心吧。

就算所有科目都不及格，

活著這件事的歡喜與悲傷也不會不及格，

妳的無知就是妳的力量。

世の中はほんの少ししか変わらない

きみが居眠りしてる間に

だからきみは安心してられる

あらゆる科目に落第点をとったって

生きることの喜びと悲しみに落第はない

きみの無知がきみの力

詩／谷川俊太郎

珍惜當下的每一刻

禪　語

「生死事大，無常迅速」

天生具有領袖氣質，運動神經一流的派伯敏特·佩蒂，總是無懼任何事，勇於面對各種挑戰。這樣的她唯獨對「讀書」深感棘手，倒也不是討厭學習，只是不習慣學校生活，所以她上課時總是打瞌睡。有句禪語「生死事大，無常迅速」，意指「任誰都是一步步走向死亡，時間不會停止，不待人地流逝。」所以不虛擲光陰真的很重要。只要記得人終需一死，就會珍惜當下的每一刻。豪放隨和的派伯敏特·佩蒂有著天真的一面，或許睡覺也是她很珍惜的時光吧！甚至可以說，只要參悟這句禪語，就是天下無敵。

1987.04.20

PSST, SIR..WAKE UP!

WHY?

A HARD ONE TO ANSWER, HUH?

Part
3
擁有禪心的《PEANUTS》角色群

把每天都當成最後一天

禪 語

————

「因邪打正」

————

上課總是打瞌睡，不想碰學校任何事的派伯敏特・佩
蒂，身邊總是有好友瑪西陪伴。個性認真、真誠的瑪西
和派伯敏特・佩蒂是截然不同類型的人。「因邪打正」
的意思是，多虧對方的不正確，讓自己得以導向正確。
對瑪西來說，派伯敏特・佩蒂就是這樣的存在，好友的
一言一行，讓她引以為鑒，瑪西之所以有模範生風範，
或許得感謝派伯敏特・佩蒂吧。近年，社群平台的炎上
事件頻傳，不少人喜歡匿名上網批評別人，若能想想
「因邪打正」這句禪語，就能像瑪西一樣懂得引他人為
借鏡，不會一味批評別人，而是認真給予意見。

1984.05.22

YOU KNOW WHAT SOME PEOPLE SAY?

THEY SAY YOU SHOULD LIVE EACH DAY
AS IF IT WERE YOUR LAST

HOW ABOUT LIVING EACH DAY AS IF
THE DAY AFTER TOMORROW WERE YOUR
LAST?

YOU'RE WEIRD, MARCIE

守護自我價值，不受外表限制

禪語

——

「真玉泥中異」

——

乒乓出現時，身體總是髒兮兮的。這樣的他總被其他登場人物批評太邋遢，但本人卻絲毫不以為意，這是因為乒乓知道自己擁有什麼。「真玉泥中異」這句禪語是說真正璀璨的寶石，即使埋在泥中也能閃耀生輝。光是外表打點得光鮮亮麗，不表示這就是一個人的真正價值，所以不需要因為裝扮不如人就自慚形穢，也不該一味羨慕他人過得奢華，哀嘆自己過得儉樸。就像守護自我價值的乒乓，如果你真的是顆寶石，就算在泥中打滾也不會失去光采。只要和乒乓一樣沒有迷失真正的自我，一定能遇到像查理‧布朗這樣無條件接受乒乓的好友。

Pigpen
乒乓

1981.10.20

"PIGPEN"! I HAVEN'T SEEN YOU FOR A
LONG TIME...

OBVIOUSLY, YOU ARE JUST AS MESSY AS
EVER!

THE WORLD NEEDS MESSY PEOPLE...

OTHERWISE THE NEAT PEOPLE WOULD
TAKE OVER!

領悟「活著」本身就是美好

禪　語

────

「獨坐大雄峰」

────

喜歡獨處的史派克是史努比的哥哥，在沙漠生活的牠大部分時間都是坐在岩石旁邊，不是寫信給史努比，就是和仙人掌聊天。此刻能在這裡就是一件美好、尊貴、值得感恩的事，而能夠發現這一點，善用生命的每一刻，滿懷謝意地活著就是比什麼都美好、尊貴的事，這就是「獨坐大雄峰」這句禪語的意思。史派克的人生哲學不就體現了這句禪語的真意嗎？生活忙碌的我們往往忘了要心懷感謝地看待生命。人從出生的那一瞬間就背負著死亡，人生有著各種苦難與試煉，但，這些都是構築我們的食糧。只要領悟這道理，心懷感謝地看待生命，就能像史派克一樣靜靜地待在自己的心安之所，體驗生命的美好。

1988.07.22

你不覺得當個
石頭很無聊嗎？

DO YOU FIND THAT
BEING A ROCK IS
BORING?

7-22

我的意思是，和我的生活
相比的話…

I MEAN, COMPARE
YOUR LIFE WITH THE
LIFE I LEAD...

獨自坐在沙漠裡
和石頭說話…

SITTING ALONE IN
THE DESERT TALKING
TO A ROCK..

SCHULZ

會動搖的永遠只有人心

禪 語

「非風動，非幡動」

富蘭克林是個不多話，心思卻相當敏捷，人緣也不錯的男孩，即使常被坐在身後的派伯敏特‧佩蒂，問些奇奇怪怪的問題，也會認真回答。「非風動，非幡動」這句禪語源自慧能禪師的公案。某天，有兩位僧侶瞧見寺院揚起幡，一位說是「幡在動」，另一位說是「風在動」，彼此爭論不休。慧能禪師瞧見爭論不已的兩人，便訓示他們：「不是風在動，也不是幡在動，是你們的心在動。」富蘭克林不逞口舌，總能看透事物的個性，就像這句禪語的意思。他之所以能和奈勒斯自然地聊起爺爺的事，或許是因為明白「動搖的不是別的，就是自己的心」這個道理吧。

1993.03.05

我爺爺說他雖然活了很久，
但到現在還是不明白人生。

MY GRAMPA SAYS
THAT AFTER ALL
THESE YEARS, HE
STILL DOESN'T
UNDERSTAND LIFE

好比他上個禮拜買了新車…

FOR INSTANCE, LAST
WEEK HE BOUGHT A
NEW CAR..

卻感冒了…

3-5

BUT HE GOT THE
FLU ANWAY..

〈關於幸福〉

只要體驗過一次真正的幸福，
就不會被口頭說說的幸福給騙了。

幸せについて

一度でも
ナマで幸せを体験していれば
コトバの幸せの嘘に
だまされることはない
谷川俊太郎
『幸せについて』（ナナロク社）

作者

查爾斯·M·舒茲 Charles M. Schulz

1922 年生於美國明尼蘇達州明尼亞波利斯。透過函授教育方式學習繪畫，矢志成為漫畫家。第二次世界大戰時從軍之後，24 歲時以報紙連載作品的方式正式出道，從此開啟長達五十年的《PEANUTS》漫畫創作生涯。

日版文字

谷川俊太郎

1931 年生於東京。詩人。21 歲時出版《二十億光年的孤獨》。從 1960 年代後期開始翻譯《PEANUTS》漫畫，完成《完全版 花生漫畫全集》（河出書房新社出版）。

日版監修

枡野俊明

1953 年生於神奈川縣。曹洞宗德雄山建功寺第十八世住持。多摩美術大學環境設計學科教授，也是庭園設計師。2006 年，被《新聞週刊》日本版選為「深受世界尊敬的 100 位日本人」，有多本著作。

譯者

楊明綺

東吳大學日文系畢業，曾赴日本上智大學新聞學研究所進修。譯作有《六個說謊的大學生》、《蜜蜂與遠雷》、《漣漪的夜晚》、《咖哩時間》、《村上私藏 懷舊美好的古典樂唱片》、《超譯尼采》、《接受不完美的勇氣》等。
email：mickey3.yang@msa.hinet.net

國家圖書館出版品預行編目資料

今天不會都是壞事：已發生的讓你牽掛、未發生的讓
你擔憂？SNOOPY 的定心禪智慧／查爾斯・M・舒茲
（Charles M. Schulz）作 . -- 初版 . -- 臺北市：三采
文化股份有限公司，2023.12
　　面；　　公分 . --（Mind Map）
ISBN 978-626-358-163-0（精裝）

1.CST：禪宗　2.CST：人生哲學　3.CST：漫畫

226.6　　　　　　　　　　　　112011713

suncolor 三采文化

Mind Map 260

今天不會都是壞事

已發生的讓你牽掛、未發生的讓你擔憂？ SNOOPY 的定心禪智慧

作者｜查爾斯・M・舒茲（Charles M. Schulz）

日版文字｜谷川俊太郎　日版監修｜枡野俊明　譯者｜楊明綺

編輯四部 總編輯｜王曉雯　主編｜黃迺淳　版權選書 劉契妙

美術主編｜藍秀婷　封面設計｜李蕙雲　內頁編排｜陳佩君

校對｜周貝桂　校對協力｜游芮慈

發行人｜張輝明　總編輯長｜曾雅青　發行所｜三采文化股份有限公司

地址｜台北市內湖區瑞光路 513 巷 33 號 8 樓

傳訊｜TEL：（02）8797-1234　FAX：（02）8797-1688　網址｜www.suncolor.com.tw

郵政劃撥｜帳號：14319060　戶名：三采文化股份有限公司

初版發行｜2023 年 12 月 1 日　定價｜NT$500

　10 刷｜2024 年 8 月 20 日

《KOKORO WO TOTONOERU SNOOPY》
Peanuts and all related titles, logos and characters are trademarks of Peanuts Worldwide LLC
© 2023 Peanuts Worldwide LLC.
Original Japanese edition published by Kobunsha Co., Ltd.
Traditional Chinese translation rights arranged with Kobunsha Co., Ltd.
Sold by sublicensee SUN COLOR CULTURE CO., LTD